Gymnasium Bayern

# Deutschbuch

## Arbeitsheft 10

## Lösungen



Cornelsen

# Informieren

## Seite 4

**1** **a + b** Markierungen: **Anlass:** Projekttag der Mittelstufe zum Thema Mediennutzung – **Thema:** „Shopping hinterlässt Spuren im Netz" – **vorgegebene inhaltliche Aspekte:** Ermittlung und Nutzung der Daten, positive und negative Auswirkungen für die Nutzer/-innen, Möglichkeiten, Spuren von Verbraucher/-innen im Netz zu verhindern – **Adressaten:** Mitschüler/-innen – **Textsorte:** zusammenhängender, sachlicher Informationstext

**c** Der Anlass für das Verfassen des Textes ist ein **Projekttag zum Thema Mediennutzung.** In dem Text soll erklärt werden, wie man **beim Shoppen Spuren im Netz hinterlässt.** Außerdem soll erläutert werden, welche Folgen das **für die Internetnutzerinnen und -nutzer** hat. Am Schluss soll ich erklären, wie User/-innen vermeiden können, dass sie **beim Shoppen im Netz Spuren hinterlassen. Der informierende Text** sollte **sachlich** formuliert sein. Weil der Text sich an meine **Mitschülerinnen und Mitschüler** richtet, sollte ich **Fachbegriffe gut erklären.**

## Seite 5

**2** Material 1: Verbraucherschutz, Ermittlung und Nutzung der Daten – Material 2: Verbraucherschutz, Ermittlung und Nutzung von Daten – Material 3: Verbraucherschutz – Material 4: Ermittlung und Nutzung der Daten – Material 5: positive und negative Auswirkungen für Nutzerinnen und Nutzer

## Seite 7

**3** **a** Mögliche Begriffe: „Cookie" (Artikel von Matthias Eberl, Z. 2): Textinformation, die über das Surfverhalten der Userin / des Users übermittelt wird – „pseudonym" (Artikel von Matthias Eberl, Z. 13): unter einem nicht realen Namen verfasst – „maßgeschneidert" (Artikel von Matthias Eberl, Z. 30): genau auf eine Person passend – „Werbebanner" (Artikel von Matthias Eberl, Z. 4): Felder und Animationen, die auf die Webseite eines beworbenen Produkts verlinken – „Server" (Artikel von Matthias Eberl, Z. 20): Rechner innerhalb eines Netzwerks, der für andere angeschlossene Rechner Funktionen übernimmt – „explizit" (Artikel von Matthias Eberl, Z. 18): ausdrücklich

**b + c** Mögliche Markierungen:

M 1: „Cookies" (Z. 4 – Ermittlung der Daten); „*Re-Targeting*" (Z. 5–8 – Ermittlung der Daten); „pseudonyme Profile" (Z. 12–14 – Nutzung der Daten); „Real Time Bidding" (Z. 18–20 – Nutzung der Daten); „Der beste Schutz" (Z. 29 f. – mögliche Schutzmaßnahmen)

M 2: „Cookies" (Z. 4 f. – Ermittlung der Daten); „Session Replay" (Z. 5–8 – Ermittlung der Daten); „sensible Informationen" (Z. 17–20 – negative Auswirkungen); „nur fahrlässig verschlüsseln" (Z. 20–21 – negative Auswirkungen)

**4** Neue Informationen: Ad-Blocker als möglicher Schutz gegen Werbung und Tracking
Doppelungen: Surfverhalten der User/-innen wird über Web-Tracker und Cookies nachverfolgt

**5** **a** Die Grafik zeigt, dass Informationen über das Surfverhalten von Cookies gespeichert und über sie an fremde Webserver übermittelt werden. Der Webserver generiert daraufhin eine personalisierte Webseite, wie z. B. passende, personalisierte Werbebanner.

**b** Rund 60 % aller Internetnutzer/-innen gaben an, dass sie sich durch personalisierte Werbung gestört oder beobachtet fühlen. Ebenso viele der Befragten sagten, dass die beworbenen Produkte für sie uninteressant seien. Rund 40 % der Nutzer/-innen begrüßen es, dass die Werbung auf ihre Interessen abgestimmt werde; 30 % betrachten diese Konsumförderung aber auch als negativ. Die große Mehrheit der befragten User/-innen – etwa 80 % – sorgte sich zudem, dass ihre Daten in die falschen Hände geraten könnten. Circa 35 % geben an, dass sie durch personalisierte Werbung für sie Neues entdeckt haben, etwa 25 % lassen sich von personalisierter Werbung nicht beeinflussen. Ungefähr 50 % fühlen sich von personalisierter Werbung nicht gestört, solange sie in ihrem Surfverhalten nicht weiter eingeschränkt werden.

## Seite 8

**6** **a + b** Möglicher Schreibplan:

| | |
|---|---|
| Einleitung<br>Einführung: Spuren im Netz beim Shoppen | Cookies und mehr oder weniger passende Werbung auf Schritt und Tritt im Netz; was ist störender: Datennutzung verbieten oder personalisierte Werbung ertragen |
| Hauptteil<br>Ermittlung von Daten<br>positive und negative Auswirkungen auf die Nutzer/-innen<br><br>Session-Replay-Tools | Cookies: sammeln Daten und leiten sie an Webserver weiter (vgl. Grafik zu Funktionsweise von Cookies); Re-Targeting und Real Time Bidding (vgl. Artikel von Matthias Eberl); Werbung wird webseitenübergreifend auf Bannern dargestellt (vgl. Artikel von Ralf Pauli); Werbeplätze werden beim Seitenaufbau in Sekundenbruchteilen versteigert (vgl. Artikel von Matthias Eberl); je nach Surfverhalten des Users unterschiedlich teuer; Webseiten können jede Mausbewegung und jeden Tastenklick nachvollziehen; ermöglichen ausführliches User-Profil (welche Produkte sind für User/-innen interessant; was wird übersehen; was verwirrt); teils geringe Datensicherheit; Daten können personalisiert gespeichert werden (vgl. dpa-News) |
| Schluss | Nutzer können: Cookies ablehnen, Ad-Blocker installieren |

## Seite 9

7 **a–e** Möglicher Informationstext: Tracker, Cookies, Datenschlepper – Warum wir „Ablehnen“ klicken sollten
Sicher habt ihr auch schon einmal erlebt, dass ihr auf der einen Webseite nach einem Produkt gesucht habt und später, vielleicht sogar Tage danach, euch auf einer anderen Webseite Werbung für genau dieses oder ein ähnliches Produkt angezeigt wurde. Wenn die Werbung auf das Surfverhalten des Users abgestimmt wird, spricht man von personalisierter Werbung. Aber wie gelingt dies den Unternehmen? Im Folgenden werde ich ein paar der dahinterstehenden Prinzipien beleuchten, ihre positiven und negativen Auswirkungen auf die Nutzer/-innen herausstellen und zeigen, mit welchen Mitteln du dich gegen diese Werbung schützen kannst.
Unternehmen nutzen deine Spuren im Netz, da sie leicht nachverfolgbar sind und einfach ausgewertet werden können. Hauptwerkzeug dabei sind Cookies – Textinformationen, die mittels des Webbrowsers über dein Surfverhalten gesammelt und an die Webserver von Werbefirmen übermittelt werden (Grafik zur Funktionsweise von Cookies). Sie erlauben es, dir auch auf fremden Webseiten Produkte anzupreisen, über die du dich bereits informiert hast, oder auch solche, die zur selben Produktgruppe gehören. Das Handy, über das du dir vorgestern bei einem Online-Händler Bewertungen durchgelesen hast, bekommst du heute auf der Webseite eines Online-Wörterbuchs angeboten – oder auch dazu passende Kopfhörer. Die Anwendung deiner Daten ist dabei durchaus komplex, denn sie geschieht oftmals als Real Time Bidding (vgl. Artikel von Matthias Eberl). Das bedeutet, dass in den Sekundenbruchteilen, in denen du darauf wartest, dass sich eine Webseite aufbaut, per automatischem Bietverfahren ermittelt wird, welche Firma dir Werbung anzeigen darf.
Ebenso ausgefeilt stellen sich Session-Replay-Tools dar (vgl. Artikel von Ralf Pauli). Sie erlauben es Firmen, all deine Mausbewegungen, Klicks und Tastatureingaben auf ihrer Webseite nachzuverfolgen. Dabei stellen sie fest, was dich interessiert hat, was du übersehen hast und was dich vielleicht hat zögern lassen.
Natürlich kann personalisierte Werbung ihre Vorteile haben, wenn man einmal das Erscheinen eines ganz bestimmten Produkts erwartet. So geben etwa 35 % aller Nutzer/-innen an, durch personalisierte Werbung zu für sie interessanten Produkten gefunden zu haben. Für die meisten User/-innen stellt sie jedoch eine lästige Notwendigkeit dar. Laut einer Umfrage haben 60 % der Internetnutzer/-innen das Gefühl, dass personalisierte Werbung ihnen etwas aufdrängt, das sie gar nicht interessiert. Ebenso viele haben das Gefühl, ständig beobachtet zu werden, und 80 % aller Nutzer/-innen fürchten, dass ihre Daten in die falschen Hände geraten könnten (vgl. Grafik zur Funktionsweise von Cookies).
Letzteres ist gerade deshalb so heikel, weil Ad-Tracking-Software mittlerweile die Daten über dein Surfverhalten auch mit Informationen über Adresse, Kontodaten und Gesundheitszustand verknüpfen kann. Solche Informationen sind natürlich ein gefundenes Fressen für Hacker sowie Werbefirmen. Doch du bist der Datensammelei nicht schutzlos ausgeliefert. Wie Matteo Cagnazzo vom Institut für Internet-Sicherheit erklärt, lassen sich mit Ad-Blockern nicht nur Werbebanner unterdrücken, sondern auch ein Großteil der Web-Tracker ausschalten (vgl. dpa-News). Zudem sollte man sich natürlich jedes Mal die Zeit nehmen und alle außer technisch notwendigen Cookies ablehnen. Werde zum Cookie-Monster!

8 wichtigen / ~~alle – für den Text verwendet~~ / weggelassen – ~~unterhaltsam und erheiternd~~ / nachvollziehbar und verständlich – an der Struktur der Aufgabenstellung / ~~an der Themenstellung~~ – ~~nah am Text~~ / in eigenen Worten – ~~das Präteritum~~ / das Präsens – ~~als direktes Zitat~~ / in der indirekten Rede – Verknüpfungen und Überleitungen / ~~Satzreihen~~

# Argumentieren

## Seite 10

1 Die Einschätzung der eigenen Vorliebe hilft bei der Positionsfindung für die Erörterung.

2 Lies am besten immer mit einem Stift in der Hand und unterstreiche Auffälliges und Unklares.

## Seite 11

3 Richtig ist Streitfrage **B**.

4 **a** Mögliche Unterstreichungen: (These, Begründungen, Beispiele/Belege):
**CamEp:** --- (nur Darstellung des Problems bzw. der Streitfrage)
**Eddy#2:** Auch Ego-Shooter können ohne Einschränkung als Sport angesehen werden, weil man dabei ja niemandem schaden will (und kann). Ich spiele selbst und weiß, wie viel Präzision, Konzentration und Disziplin dazugehören. Weil körperliche Fitness sehr wichtig ist, muss man wie im Leistungssport hart trainieren, wenn man spitze sein will. Immerhin dauern die größeren Turniere bis zu vier Tage. In vielen Ländern sind Ego-Shooter bereits als E-Sport anerkannt. Sie zählen sogar zu den beliebtesten Spielgenres, weil die Gewinner der größeren Turniere wie in anderen Sportarten auch hohe Gewinnsummen erhalten, teilweise sogar in Millionenhöhe.
**Egbert:** Gerade wenn man „Zocken“ tatsächlich als Sport verstanden wissen will: Eine Sportart darf Gewalt nicht verherrlichen oder gar verursachen! Ego-Shooter müssen darum im E-Sport verboten werden, da die Spieler innerhalb der Spiele sehr wohl zu Gewalthandlungen gezwungen werden. Möchte man erfolgreich sein, so muss man möglichst viele Gegenspieler virtuell erschießen – das wirkt sich auch auf das echte Leben aus.
**Dani:** Dass Gewaltdarstellungen gezeigt werden, kann man kritisieren. Ego-Shooter sollte man dennoch zulassen, weil es sich in der Regel um Spiele handelt, die erst ab 16 Jahren gespielt werden dürfen. Die älteren Jugendlichen und Erwachsenen – so ist meine Erfahrung – können gerade im E-Sport-Bereich sehr gut einschätzen, dass die Darstellungen eben nichts mit der Realität zu tun haben. Der Redakteur Michael Schmitz hat das selbst getestet und bestätigt: „Warum sollte mich ein

Spiel dazu bringen, Leute umzulegen?" Die professionellen Spieler schaffen sich übrigens stets einen Ausgleich, spielen Fußball oder andere Sportarten.

**Heidi_19:** Ego-Shooter als Sport zu verstehen, das leuchtet mir gar nicht ein! Das muss verboten werden. Im Sport geht es um einen fairen Wettbewerb, aber sicher nicht ums „Killen" des Gegners. Jeder Wettkampf zeigt: Wer als Spieler/-in Erfolg haben will, muss viel trainieren. Diese Art von „sportlichem" Ehrgeiz ist gerade für Jugendliche gefährlich, denn sie hat Suchtpotenzial. Beim Sport steht die Bewegung im Vordergrund. Aber schon heute sitzen laut einer Studie viele Jugendliche länger als sechs Stunden am Rechner oder an der Konsole.

**b** **pro** = Eddy#2, Dani – **kontra** = Egbert, Heidi_19

**5** **a** Mögliche Argumente für eine Stoffsammlung pro „Ego-Shooter als E-Sport zulassen". Eine Kontra-Argumentation würde zu einer gespiegelten Anordnung der Argumente führen.

**These:** Ego-Shooter sollten als E-Sportart verboten werden. (pro)

| Pro-Argumente (verbieten) | Kontra-Argumente (zulassen) |
|---|---|
| – Ego-Shooter verherrlichen Gewalt, bauen Aggressionsschwellen im Leben ab<br>– Suchtpotenzial führt zu zu langer Nutzungsdauer<br>– fehlende Bewegung schadet der Gesundheit | – Ego-Shooter schulen Präzision, Konzentration und Taktik<br>– Spiele unterliegen der FSK (sind folglich keine Gefahr für Jugendliche)<br>– es gibt große Turniere wie im Leistungssport |

**b** Ego-Shooter als E-Sportart zu verbieten, ist unsinnig, solang Sportarten wie Biathlon und Boxen noch olympisch sind.

**6** A + 3 – B + 1 – C + 4 – D + 2

## Seite 12

**7** A + 4 – B + 2 – C + 5 – D + 3

**8** Mögliche Fortsetzung der Einleitung **A**:
Ego-Shooter als E-Sport? Es handelt sich bei Ego-Shootern um Computerspiele, bei denen die Spieler aus der Ich-Perspektive eine Spielwelt erschließen. Dabei agieren die Spielfiguren mit einer Schusswaffe und bekämpfen andere Spieler. Im Folgenden möchte ich erörtern, ob es sich bei diesen Spielen um eine Sportart handeln kann oder ob man sie im Rahmen des E-Sports nicht doch besser verbieten sollte.

## Seite 13

**9** **a** Richtig ist Gliederung **A**, die Argumentation beginnt mit der Gegenthese und drei Argumenten (+ Beispielen), die die Gegenposition stützen.

**b** „damit", Z. 11; „zudem", Z. 12; „ebenfalls", Z. 14; „Da", Z. 16

**c** Die Anordnung der Argumente ist abhängig davon, ob du für oder gegen ein Verbot von Ego-Shootern als E-Sport bist. Der folgende Schreibplan zeigt einen argumentierenden Text, der sich gegen ein Verbot ausspricht:

- Einleitung: Allgemeine Bedeutung des Themas (E-Sport und Ego-Shooter haben Millionen von Fans weltweit, dabei sind v. a. Ego-Shooter wegen möglicher negativer Folgen sehr umstritten)
  Themenfrage: Sollten Ego-Shooter als E-Sportart verboten werden oder nicht?
- Hauptteil:
  - Pro-Argumente (Ja, Ego-Shooter sollten als E-Sportart verboten werden.)
    - Suchtpotential von Computerspielen, daher lange Nutzungsdauer
    - Ego-Shooter, anders als andere Sportarten, nicht körperlich anstrengend, also kein wirklicher Sport, fehlende Bewegung schadet Gesundheit
    - Ego-Shooter sind gewaltverherrlichend
  - Kontra-Argumente (Nein, Ego-Shooter sollten als E-Sportart nicht verboten werden.)
    - Ego-Shooter schulen Präzision und Konzentration
    - Spiele unterliegen der FSK
    - Turniere sind durchaus Leistungssport (ähnlich dem Schachspiel)
  - Fazit: Nein, Ego-Shooter sollten nicht verboten, aber ihre Altersfreigabe vielleicht besser überprüft werden.
- Schluss:
  - Abrundung: Auch Brettspiele können aggressiv machen.

**d** Mögliche Erörterung:
Befürwortende eines Verbots von Ego-Shootern im E-Sport vertreten zum einen die Position, dass diese Spiele die Gefahr bieten, dass für Gamer/-innen die Grenze zwischen der virtuellen Welt und der Realität aufgeweicht wird. Kritisch zu betrachten ist dies gerade mit Hinweis auf das Suchtpotenzial eines solchen Zeitvertreibs, das nicht selten zu einem vielstündigen Konsum führt, wodurch der/die Spielende unter Umständen einen Großteil der Freizeit in diesen feindlichgesinnten Parallelwelten verbringt. Hinzu kommt, dass sich die Interaktionen innerhalb dieser Spiele zumeist auf das Töten beschränken und somit Gewalt verherrlichen. Darüber hinaus kann auch darauf hingewiesen werden, dass Ego-Shooter keinerlei Notwendigkeit zur körperlichen Betätigung mit sich bringen. Dies ist aber Teil der Definition von Sport. Kritiker/-innen einer solchen Einschränkung geben jedoch zu bedenken, dass durchaus eine Anstrengung stattfindet und ein sportlicher Ehrgeiz geweckt wird: Ego-Shooter würden eine schnelle Hand-Auge-Koordination, Teamfähigkeit und taktisches Denken fordern und fördern, wie es auch bei vielen Sportarten der Fall ist. Zudem könnten auch Brettspiele

nicht als körperliche Aktivität gewertet werden und dennoch gilt Schach gemeinhin als Sport. Daher kann auch die Anstrengung am Computer zum E-Sport erklärt werden..

**10** Mögliches Fazit: Obwohl man bedenken muss, dass Kinder und Jugendliche noch keine Ego-Shooter spielen sollten, bin ich dennoch der Meinung, dass es eine interessante und reizvolle Sportart für ältere Spieler darstellen kann, die diese auch ausüben können, ohne zu verrohen. Ich würde mich daher dafür aussprechen, dass Ego-Shooter als E-Sportart zugelassen bleiben.

**11** Ein sinnvoller Kompromiss könnte sein, dass man noch strenger kontrolliert und gerade bei größeren E-Sport-Veranstaltungen den Jugendlichen unter 16 Jahren den Zutritt verwehrt.

**12** Mögliche antithetische Erörterung (Position: Ego-Shooter sind nicht an Spielende unter 18 Jahren zu verkaufen.):
(Einleitung) Über zwei Stunden spielen Jugendliche im Schnitt täglich mit dem PC oder an Konsolen, viele entwickeln dabei gerade bei den bekannten Ego-Shooter-Spielen einen regelrecht sportlichen Ehrgeiz. Diese Ego-Shooter sind Computerspiele, bei denen die/der Spielende aus der Ich-Perspektive eine Spielwelt erschließt und dabei, in der Regel mit einer Schusswaffe ausgestattet, andere Spielfiguren bekämpfen soll. Die Frage, ob Ego-Shooter aber für Spielende unter 18 Jahren verboten werden sollten, wird kontrovers diskutiert. Was spricht eigentlich für und was gegen ein Verbot Ego-Shootern?
(Hauptteil – Pro und Kontra im Block) Ein Argument, das Kritiker/-innen solcher Ego-Shooter hervorheben, ist der Hinweis auf das Suchtpotenzial eines solchen Zeitvertreibs, das nicht selten zu einem vielstündigen Konsum führt, wodurch der/die Spielende unter Umständen einen Großteil der Freizeit in diesen feindlich-gesinnten Parallelwelten verbringt. Hinzu kommt, dass sich die Interaktionen innerhalb dieser Spiele zumeist auf das Töten beschränken und somit ein völlig einseitiges Bild des Erlebens und Lösens von Konflikten reproduziert wird. Entsprechend kann auch darauf hingewiesen werden, dass Ego-Shooter nachweislich die Hemmschwelle zur aggressiven Handlung senken. Unterstrichen werden solche Forschungsergebnisse von der Tatsache, dass derartige Spiele von verschiedenen Militärs zur Rekrutenanwerbung und zum Training genutzt werden. Dies halten manche für ausreichend, um ein Verbot dieser Games für Minderjährige zu fordern.
Befürworter/-innen eines Verkaufs an Spielende unter 18 Jahren geben jedoch zu bedenken, dass sich bisher kein wissenschaftlich fundierter Nachweis für eine Korrelation zwischen Gewalttaten und dem Konsum von Ego-Shootern aufzeigen lässt. Sie verweisen darauf, dass geistlose Aggressivität dem Spielerfolg sogar entgegensteht. Vielmehr würden Ego-Shooter eine schnelle Hand-Auge-Koordination, Teamfähigkeit und taktisches Denken fordern und fördern und seien weit von geistlosem ‚Herumgeballere' entfernt. Zudem könnten auch Brettspiele und sportliche Aktivitäten zu Aggression führen, wenn der Erfolg ausbliebe. Kritiker stellen zudem die Frage, ob Darstellungen realer Gewalt in Nachrichtensendungen und Reportagen nicht eine deutlich verrohendere Wirkung haben als fiktive Gewalt, wenngleich diese auch passiv konsumiert werden mag. Schlussendlich lässt sich aber vor allem darauf hinweisen, dass ein derartiges Verbot schlichtweg kaum durchsetzbar ist, da sich auf rein praktischer Ebene nicht sicherstellen ließe, dass Minderjährige nicht über Freundinnen und Freunde oder sogar Eltern Zugang zuententsprechenden Titeln bekämen.
(Fazit) Meine Ansicht ist, dass Ego-Shooter keine Spiele sind, die man an Spielende unter 18 Jahren verkaufen sollte. Natürlich können Erwachsene privat solche Spiele spielen, aber sie frei verkäuflich für Jüngere anzubieten halte ich für verantwortungslos.
(Schluss) Wenn man bedenkt, dass man bei Ego-Shooter-Spielen aus der Ich-Perspektive in einer Spieltwelt andere Spielende erschießt, würde ich empfehlen, dass diese Art von Computerspielen nicht an Spielende unter 18 Jahren verkauft wird.

## Seite 14

**1** **a** Alltagskultur: Unter „Alltagskultur" versteht man die Gesamtheit der während einer bestimmten Epoche von einer bestimmten Gemeinschaft geschaffenen charakteristischen Dinge bzw. die Gegebenheiten des täglichen Lebens dieser Zeit.
**b** Mögliche Ergänzungen der Mind-Map: Ernährung, Gesundheit, Tagesabläufe, Lebensgestaltung, Kommunikationsmöglichkeiten, Konsum, Bildungssystem, soziales Miteinander, Rechtssystem, Glaube

**2** Weitere Ergänzungen: Technik, Freizeitgestaltung, Unterhaltung

## Seite 15

**3** **a** These: Videospiele wie Ego-Shooter sind untrennbar mit unserer Gesellschaft und unserem Menschsein verwoben.
Einleitung (Z. 1–26): Beschreibung der Gamescom; eigene Gamer-Biografie; These
Hauptteil (Z. 27–74):
1. Argument (Z. 27–39): Allgegenwärtigkeit von Videospielen
2. Argument (Z. 40–55): Bedeutung spielerischer Verhaltensweisen
3. Argument (Z. 56–74): Popularität und Diversität der Gamerszene

Schluss (Z. 74–92): Probleme und Chancen von Videospielen

**b** Behauptungen: „Denn Computerspiele, sogar Ego-Shooter, sind ein elementarer Bestandteil unserer Kultur geworden – ob wir wollen oder nicht." (Z. 24 ff.); „Computerspiele sind mehr als nur Kommerz." (Z. 40); „Games gehören deshalb zu unserer Kultur" (Z. 61); „Es gibt aber auch die andere Seite, diejenigen, die Computerspiele komplett verteufeln. Das ist nicht mehr zeitgemäß." (Z. 83 ff.)
Begründungen: „Computerspiele haben in unserer Gesellschaft überall Wurzeln geschlagen." (Z. 27 f.); „Genauso wie analoge Spiele haben sie großen Einfluss auf unsere Gesellschaft, auch wenn es uns nicht bewusst sein mag." (Z. 40 ff.); „Die Lust am Spiel bleibt gleich, nur die Form hat sich verändert." (Z. 59 f.); „Denn es gibt einen immer größer werdenden Markt an Indie-Gamern, die Spiele entwickeln, die kulturell wertvoll sind." (Z. 85 ff.)

Belege/Beispiele: „Wir löschen die Game-Apps von unseren Smartphones [...] Mathematik lernen können." (Z. 30–38); „Seit jeher entwickeln wir damit unsere Fähigkeiten weiter. Wenn mehrere zusammen spielen, dann festigt das eine Gesellschaft – und die Spieler feilen die Gesellschaft weiter aus." (Z.48–51); „Nicht jeder Film oder jedes Game sind unbedingt kulturell und pädagogisch wertvoll. Das gilt aber für alle Kulturbereiche, sogar für die Literatur [...]" (Z. 67–70); „weil sie uns zeigen, wie es einem Krebspatienten im Endstadium geht oder wie wir einen neuen Planeten besiedeln könnten und trotzdem dabei die Umwelt schützen." (Z. 88–91).

c Computerspiele und Ego-Shooter gehören mittlerweile zu unserer Kultur – Pro-Argument: Faktenargument; sie sind mehr als nur Kommerz – Pro-Argument: Autoritätsargument; Games gehören zu unserer Kultur – Pro-Argument: Wertargument; nicht alle Computerspiele sollten verteufelt werden – Einräumung, dass es trotzdem Menschen gibt, die das Spielen übertreiben: Vergleich mit Ähnlichem

## Seite 16

4 Mögliche Beantwortung:
- Die Überschrift stellt bereits eine These dar.
- Im Text werden Jugend- und Umgangssprache verwendet: „uralte" (Z. 8), „Overkill" (Z. 20), „die Spieler feilen die Gesellschaft weiter aus" (Z. 51), „zocken" (Z. 81). Die Autorin wendet sich damit eher an eine jüngere Leserschaft, für die Videospiele mehr oder weniger zum Alltag gehören.
- Der Text bildet sich vor allem aus einfachen Sätzen und Satzreihen. Eingeschobene Ergänzungen oder Erläuterungen werden durch Doppelpunkte oder Gedankenstriche abgegrenzt (Z. 1 f., 21 f., 24 ff., 28–31).
- Leserlenkend fällt besonders ein „Gedankenexperiment", das die Vorstellungskraft der Lesenden anregt (Z. 28–38), sowie eine rhetorische Frage (Z. 70–72) ins Auge.
- Es werden rhetorische Fragen („Ist ‚Fifty Shades of Grey' keine Kultur, nur weil ich das Buch nicht mag?", Z. 70–72) gestellt, die die Leserin bzw. den Leser stärker in den Gedankenprozess einbinden.
- Leser/-innen werden nicht direkt angesprochen, aber es wird ein Wir-Gefühl erzeugt, indem „wir"/„unser(e)" häufige Verwendung finden (z. B. Z. 2, 25, 28) und die Autorin aus ihrer eigenen Biografie erzählt (vgl. Z. 14–19), mit der sich etwa gleichaltrige Leser/-innen identifizieren können.

5 Die Autorin plädiert dafür, Ego-Shooter als Bestandteil der Alltagskultur nicht nur zu akzeptieren, sondern sich mit diesen und anderen Computerspielen differenziert und kritisch auseinanderzusetzen. Schließlich seien manche Computerspiele sogar von Nutzen für die Gesellschaft.

6 a Der Anteil der Kindern und Jugendlichen zwischen 10 und 19 Jahren ist deutlich höher als der anderer Altersgruppen. **trifft nicht zu**
22 % der Videospiele sind Shooter. Sie stellen also nicht den Großteil der Computerspiele dar. **trifft voll zu**
Shooter- und Kampfspiele werden eindeutig am häufigsten gespielt. **trifft nicht zu**
Lernspiele nehmen einen wesentlichen Marktanteil ein. **trifft nicht zu**
Bei der Aufgliederung der Altersgruppen lassen sich keine signifikanten (bemerkenswerten) Unterschiede feststellen. **trifft zu**

b Mögliche Ergänzungen: Ego-Shooter werden tatsächlich selten gespielt; viele der Gamer sind bereits erwachsen; Strategiespiele werden am häufigsten gespielt: diese fördern wichtige Kompetenzen; es gibt sinnvolle Spiele wie Lernspiele

## Seite 17

7 Mögliche Fortsetzung:
In ihrem Kommentar „Ego-Shooter gehören zur Alltagskultur", der anlässlich der Gamescom-Messe 2015 auf der Homepage der Deutschen Welle (DW) veröffentlicht wurde, beschäftigt sich Ananda Bräuning mit der Thematik der umstrittenen Computerspiele. Dabei kommt sie zu dem Ergebnis, dass diese Spiele ein wichtiger Bestandteil einer kulturell wertvollen Beschäftigung sind.
Zunächst nennt Bräuning Beispiele aus der Geschichte, in denen ebenfalls gespielt wurde. Es folgen eine Beschreibung der Gamescom, der Autorin und ihrem Verhältnis zu Computerspielen sowie ein kurzer Abriss der Spielebranche, bevor sie viele positive Aspekte der Computerspiele und Apps aufzählt. Durch ein Gedankenexperiment macht sie deutlich, was ohne diese Technik geschehen würde. Allerdings ist und bleibt es wichtig, sich mit dieser Szene auseinanderzusetzen, um ihr entsprechend zu begegnen, denn auch hier lauern nach Bräuning mögliche Gefahren.

## Seite 18

9 **a+b** „Schon die ungeheuer [...] auseinandersetzen müssen." (Z. 6–10; zitiert) → Z. 24–26
„Einen ersten Hinweis [...] zu Hause." (Z. 10–14, in eigenen Worten) → Z. 26–39
„Dem in der Folge [...] entwickelt hätten." (Z. 15–20, in eigenen Worten) → Z. 40–55
„Wenn aber [...] zugetan seien. (Z. 20–23, zitiert) → Z. 56 f.
„Zweifelsohne [...] Menschen förderten." (Z. 24–26, in eigenen Worten) → Z. 67–69
„Mit dem Verweis [...] auch diese." (Z. 26 f. , in eigenen Worten) → Z. 69–74
„Die Verantwortung [...] dämonisieren dürften." (Z. 27–30, in eigenen Worten) → Z. 77–84
„Vielmehr sieht [...] nutzen sollten." (Z. 30–33, in eigenen Worten) → Z. 85–92

10 Der Text richtet sich vorrangig an eine jüngere Leserschaft. Dies wird nicht nur durch den dargestellten Lebenslauf der Autorin deutlich, mit dem sich eine entsprechende Klientel identifizieren können wird, sondern auch durch den stark jugend- und umgangssprachlichen Charakter des Textes. So finden sich im Text beispielsweise Begrifflichkeiten wie „uralte" (Z. 8), „Overkill" (Z. 21) und „zocken" (Z. 83). Damit verbunden ist eine einfache, lesefreundliche Syntax. Zudem ist der Satzbau des Textes geprägt von einfachen Satzkonstruktionen und Satzreihen (z. B. 1 f., 17–19, 33–39). Mithilfe dieser einfachen Aussagesätze gelingt der Autorin ein gut strukturierter, leicht verfolgbarer Text. Häufig benutzt sie zudem die 1. Person Singular oder Plural, wodurch sie die Bindung zu ihrer Leserschaft stärkt. Aus demselben Grund leitet die Autorin wiederholt wichtige, kurze Aussagen mit „Und" ein (z. B. Z. 45, 78, 93). Die Sätze werden damit als selbstverständlicher wahrgenommen und ihre Aussage leicht akzeptiert. Zu guter Letzt werden pointierte Aussagen des Öfteren in Parenthesen gesetzt oder als nachgestellte Zusätze formuliert, die mithilfe von Gedankenstrichen oder Doppelpunkten abgesetzt werden (z. B. 1 f., 20 f., 22 f., 25–27). Damit gelingt es der Autorin spezifische Informationen zu akzentuieren.

11 **a** These: Ego-Shooter sollten als Teil der Alltagskultur akzeptiert werden.
Argument 1: Videospiele sind ein elementarer Bestandteil unserer Kultur. (Z. 25 f.)
Gegenargument 1: Popularität ist unabhängig von kulturellem Wert.
Argument 2: Gewalttätige Filme haben das gleiche Potenzial, Konsumierende gewalttätig zu machen, wie Videospiele.
Gegenargument 2: Filme werden lediglich passiv konsumiert; Videospiele involvieren die spielende Person aktiv.
Argument 3: Videospiele sind nicht zu verteufeln, denn sie haben bedeutsamen Nutzen für die Gesellschaft.
Gegenargument 3: Die hilfreiche Anwendbarkeit einiger Videospiele sollte nicht als Daseinsrechtfertigung für völlig andersartige Videospiele herhalten.

**b** Ananda Bräuning hebt in ihrem Text mehrfach hervor, dass Ego-Shooter als Spiele ein elementarer Bestandteil unserer Kultur sind. Dabei verweist sie auf die zahlreiche (Z. 59–61) und vielfältige (Z. 22 f.) Gamerszene sowie die allgegenwärtige Präsenz von virtuellen Spielen. Zu bedenken ist bei diesem Argument jedoch, dass Omnipräsenz beziehungsweise Popularität einer Sache nicht notwendigerweise gleichzustellen sind mit kultureller Werthaftigkeit. Auch Alkohol in all seinen verschiedenen Formen zum Beispiel erfreut sich derartig breitgestreuter Beliebtheit, zu vielen verschiedenen Anlässen und für Menschen unterschiedlichster Prägung. Ob sein kultureller Wert jedoch tatsächlich bedeutsam ist, lässt sich bestreiten, zumal der mit ihm verbundene gesellschaftliche Schaden nicht zu leugnen ist.
Bräuning behauptet zudem, dass spannungsgeladene Filme des Action- und Horrorgenres ein ebenso hohes Potenzial haben, ihr Publikum zu Aggression und Gewalttätigkeit zu verführen, wie Videospiele. Diese Aussage blendet aus, dass Filme lediglich passiv konsumiert werden, Videospiele jedoch die Spielenden aktiv involvieren. Zudem ist auch einzuwenden, dass letztere – und besonders Ego-Shooter – durch den ihnen spezifischen Blickwinkel umso stärker die Rolle einer oder eines Handelnden vermitteln.
Schließlich führt Bräunings Text an, dass Videospiele – und unter Ihnen Ego-Shooter – nicht verteufelt werden sollten, da sie schlussendlich einen bedeutsamen Nutzen für die Gesellschaft aufweisen, zum Beispiel indem sie aktuelle Krisenthemen wie den Klimawandel aufgreifen. Diese Aussage erscheint zwar richtig, blendet jedoch aus, dass die hilfreiche Anwendbarkeit einiger Videospiele nicht als Daseinsrechtfertigung für völlig andersartige Videospiele herhalten kann. Die angeführten Beispiele mögen Gamern neue Blickwinkel ermöglichen und ihren Horizont erweitern; ob dies auch für Ego-Shooter gilt, ist äußerst fragwürdig.

## Seite 19

12 Die Frage, ob Ego-Shooter als Teil der Alltagskultur akzeptiert werden sollen, stellt sich meiner Meinung nach nur bedingt. Faktisch betrachtet existiert eine große Subkultur, für die solche Spiele völlig alltäglich geworden sind. Allerdings ist der Titel von Bräunings Text irreleitend, da zwar digitale Spiele in unserer Welt allgegenwärtig sind, Ego-Shooter darin aber nur einen viel geringeren Prozentsatz ausmachen. Ein Großteil von Bräunings Ausführungen und Rechtfertigungen geht somit am eigentlichen Thema – der Akzeptanzwürdigkeit von Ego-Shootern – vorbei. Dies gilt jedoch auch für die vermeintlichen negativen Auswirkungen dieser Spielekategorie. Meines Erachtens wäre es daher erstrebenswert, die tatsächlichen Ursachen der zunehmenden Gewaltbereitschaft in unserer Gesellschaft anderswo ausfindig zu machen und dieser Subkultur ihre – bereits regulierte – Freude zu lassen.

13 Mögliche Abrundung: A Gewalt in Spielen mag bedenklich sein, bedenklicher jedoch ist die tatsächliche Gewalt, über die täglich in den Nachrichten berichtet wird, wie etwa Kriege oder Einzeltaten. Der Blick auf den eigenen Spielekonsum und den Umgang mit Gewalt in der Realität sollten daher gegeben sein, um einzuschätzen, inwieweit der Spielekonsum sich auf die Realität auswirkt und Aggressivität möglicherweise in die Realität überträgt.

14 Machst du Angaben zur Textvorlage? Führst du in das Thema des Textes ein?
Hast du die Kerngedanken, Thesen und Argumente zusammengefasst?
Hast du die sprachlichen Gestaltungsmittel analysiert?
Hast du dich mit den Argumenten der Textvorlage kritisch auseinandergesetzt?
Hast du deine Position durch überzeugende Argumente und Beispiele/Belege gestützt?
Hast du die Zusammenhänge sprachlich durch sinnvolle Verknüpfungen deutlich gemacht?
Hast du deinen eigenen Standpunkt gut zusammengefasst?
Trennen Absätze Einleitung, Hauptteil und Schluss voneinander?
Formulierst du im Präsens?
Verwendest du die indirekte Rede für Textwiedergaben und zitierst du korrekt?

## Seite 23

**1** a Mögliche Notizen in der Randspalte: Grund des Gelabers, Vorhersage / Befürchtung, Definition „Gelaber" (Z. 1–16), Rolle der sozialen Medien, Zusammenhang zwischen Gelaber und Krisen / der Coronakrise, mögliche Angstbewältigung durch Gelaber, Formierung und Wandlung des Krisenbegriffs durch Gelaber (Z. 17–32), Krisenbewältigung durch z. T. vermeintlich wissenschaftliches Gelaber (Z. 33–50), Ernsthaftigkeit / hohe Informationsbereitschaft als positive Beobachtung im Gerede über Corona (Z. 51–58), Versuch der Redenden, sich aktuelles Wissen anzueignen, Bereitschaft, Wissen zu überdenken / anzupassen / zu erweitern als positive Entwicklung (Z. 59–74)

b 1. Abschnitt (Z. 1–16): Beschreibung des Begriffs „Gelaber"
2. Abschnitt (Z. 17–25): Gelaber als allgemein beobachtbares Phänomen in Krisenlagen
3. Abschnitt (Z. 26–34): Bedeutung und Wandel des Krisenbegriffs
4. Abschnitt (Z. 35–53): Die Coronakrise als Anlass für Gelaber
5. Abschnitt (Z. 54–62): Gelaber als Form der Krisenbewältigung
6. Abschnitt (Z. 63–71): Notwendigkeit der intensiven Beschäftigung mit Corona
7. Abschnitt (Z. 72–78): Vorteile des „multifunktionalen Gelabers"

c „Kalte Krise" (Z. 35) = für den Großteil der Menschen ist eine ständige Bedrohung vorhanden; „Spike-Proteinen" (Z. 59) = Protein, das das Virus nutzt, um an eine Zelle anzudocken, „Aerosolverbreitungsschemata" (Z. 59 f. ) = Konzept über die Verbreitung von festen oder flüssigen Schwebeteilchen in der Luft; „mRNA-Vakzinen" (Z.60) = Prinzip, bei dem im Impfstoff nicht das Antigen geimpft wird, sondern dessen Bauplan

d Z. 35: „Kalte Krise" = Alliteration; Z. 5: „schwafelsaures" = Wortspiel; Z. 11: „Gelaberologe" = Neologismus; Z. 17 „fast niemand" / Z. 18: „fast alle" = Antithese zur Verstärkung der Behauptung, es werde viel gelabert; Z. 12–16 / Z. 76 ff.: Zitate = Vorstellung einer wissenschaftlichen Position zur Steigerung der Glaubwürdigkeit und der Überzeugungskraft des Autors; Z. 53: „Pfeifen im Walde" = Metapher, bildliche Veranschaulichung zur Verstärkung der Behauptung, Gelaber helfe in der Krise gegen Angst; Z. 35: „die große Mehrheit" = Doppelung, Übertreibung, Verstärkung der Betroffenheit vieler Menschen

**2** Mögliche Ergänzungen der Mind-Map:
Was versteht man unter dem neuen, multifunktionalen Gelaber? – Gelaber, das auch einlenkt und das getätigt werden muss
Wann labere ich? – wenn ich keine genaue Ahnung habe
Worüber labert mein Umfeld? – über allgemeine Themen (Klimakrise, Tagespolitik, Gendern, Ernährung u. a.)
Wie stehe ich zu dem Begriff „Gelaber"? – mag es nicht, tue es aber selbst auch ab und an
Wo wird viel Unsinn / Gelaber verbreitet? – in größeren Gruppen (Schulhof, Kneipe ...), bei Familientreffen; im Internet
Wie viel Gelaber / unsinniges Gerede wird im Netz verbreitet? – sehr viel, da sich jeder überall zu jeder Zeit zu Wort melden kann

## Seite 24

**3** a Überschrift (Erstentwurf): Wann stört mich Gelaber?
b Mögliche Lösung:

**Meine Gedanken:**
- Gelaber ist völlig unnötig und störend.
- Jede/-r hat ständig irgendetwas zu sagen, was alles zusammen einfach zu viel ist.
- Dadurch wird nicht zu einer Problemlösung beigetragen, weil jeder einfach nur etwas sagen möchte – ob es nun Gehalt hat oder nicht.
- Des Weiteren kann man an der Situation möglicherweise sowieso durch Reden nichts ändern.

**andere Sichtweisen / Positionen:**
- Jede/-r hat ein Recht auf seine eigene Meinung hat und darauf, sie zu verbreiten.
- Der Austausch kann auch dazu führen, dass andere Blickwinkel betrachtet werden.

**Fragen / Reflexion / Vorschläge für den Umgang mit dem Thema in der Gesellschaft / Blick in die Zukunft:**
- Die Gesellschaft muss handeln, statt zu labern.
- Man kann mit Worten Mut machen und unterstützen und vielleicht bewegt es Menschen dazu, sich zum Handeln zu entschließen.

## Seite 25

**4** Mögliche Entscheidung: Der Text soll unterhalten, daher sollte der Einstieg über einen witzigen Spruch erfolgen.

**5** Mögliche Lösung:

[x] – mit der Schilderung einer **persönlichen Erfahrung** beginnen

b Jeder von euch saß schon einmal mit einer Gruppe von Freunden zusammen und es ergab sich dabei eine angeregte Gesprächssituation. Und dann waren da plötzlich unzählige Professor/-innen oder Wissenschaftler/-innen, Genies und die, die das tolle Gerät, um das es geht, eigentlich selbst erfunden haben – zumindest die Idee dazu hatten sie schon seit Jahren! Ganz schnell wurde also aus einer angeregten Gesprächssituation einfach nur ein riesiger Ballon heißer Luft und die wichtigen Fakten haben den Raum irgendwie heimlich verlassen.

## Seite 26

**6** a + b Stilistisches Gestaltungsmittel: Übertreibung.
„schwarz und weiß gepinselt" (Z. 1, Metapher), „so eingekocht werden können" (Z. 2, Metapher), „Hau-drauf-Rhetorik" (Z. 3, Neologismus), „Willst du da nicht auch [...] dabei sein [...] wenn du redest?" (Z. 5 f., rhetorische Frage, Leseransprache), „Jeder wird zugeben [...] ist in allen Lebensbereichen" (Z. 6 f., Hyperbel), „Ich will [...]" (Z. 9, Ich-Perspektive) u. a.

**7** **a + b** Gelaber gibt es heutzutage gefühlt an jedem Ort. Nein, nicht nur gefühlt, denn da es hauptsächlich im Internet herumschwirrt, gibt es Gelaber tatsächlich überall. Es ist selbstredend unnötig und störend und dadurch, dass wirklich jede/-r etwas zu sagen hat, ist es auch noch völlig unüberschaubar geworden und einfach viel zu viel.

**8** **a + b** Trotzdem sollten wir dankbar sein, dass uns kein „Maulkorb" verpasst wird: Jede/-r hat ein Recht darauf, seine eigene Meinung zu haben. Und wichtiger noch: Jede/-r hat ein Recht darauf, diese Meinung auch zu vertreten und zu äußern – ohne Angst vor Verfolgung haben zu müssen.

**9/10** Erste Essay-Versuche können zu vielen Themen formuliert werden. Es muss nicht zwingend das Thema „Corona-Gelaber" sein – auch „Fußball-Gelaber" kennen sicherlich viele.
„Mit Müller wäre das nicht passiert.", „Thomas Müller hätte das Tor geschossen.", „Der Trainer – die personifizierte Inkompetenz – hätte ganz anders aufstellen müssen, schon von Anfang an. Da wundert einen nichts mehr." – Wenn man an einem Bundesligawochenende zufällig in die Nähe einer – meist männlichen – Expertenrunde in Sachen Fußball gerät, dann wundert einen nach ein paar Minuten aber meist etwas: dass nicht mindestens die Hälfte der aufgeregt diskutierenden Fußballprofis schon längst einen Trainerposten bei Bayern München oder Borussia Dortmund übernommen hat. Also: zu übernehmen gebeten worden ist. Oder so ähnlich. Ich persönlich frage mich allerdings, ob Julian Nagelsmann, der nach abgeschlossener Ausbildung vom DFB seine Trainerlizenz erhalten hat, die Mannschaft des FC Bayern tatsächlich so wenig kennt, dass ihm bei der Aufstellung der Spieler ständig so schwerwiegende Fehler unterlaufen. Und denken Sie nicht auch, dass ein Edin Terzić, der schon als Spieler die Jugendmannschaften bei Borussia Dortmund betreute und als Scout den mittlerweile zum mehrmaligen Weltfußballer avancierten Robert Lewandowski für Dortmund verpflichtete, schon weiß, was er tut? Angesichts der Nachbesprechung von Spielen im Freundeskreis überlege ich oft, ob die Top-Trainer der europäischen Fußballligen tatsächlich absichtlich auf sichere Tore verzichten, indem sie bewusst das aus Zuschauersicht Falsche tun.
Laut DFB ist ein Trainer für drei Aspekte zuständig: den Trainingsbetrieb sowie den Spielbetrieb und für zusätzliche Aufgaben. Neben der umfassenden Betreuung seiner Spieler während des Trainings und der Spiele hat er allgemeine Verpflichtungen, wie etwa die Unterstützung des Vereins bei der Suche nach neuen Talenten oder die Besprechung wichtiger Entscheidungen im Team. Daher ist es wirklich schwierig zu verstehen, weshalb sich überhaupt während oder spätestens nach jedem Spiel eine solch hitzige Diskussion um die Entscheidung geschulter Trainerteams entwickelt. Meiner Meinung nach fehlt hier insbesondere die Gelassenheit, mit der man ein Spiel im Nachgang ja auch besprechen könnte.
Hinzu kommt, dass sich kaum einer dieser selbsternannten Experten die abendlichen Sport-Talk-Runden im Fernsehen entgehen lässt, um dort echten Fußball-Experten zuzuhören, wie diese beispielsweise in der Sendung „Das aktuelle Sportstudio" des ZDF noch einmal alle Top-Spiele Revue passieren lassen. Nicht selten sind dann viele genervt von den Analysen auf den Bildschirmen und tun diese als Gelaber ab, haben aber selbst schon den ganzen Tag unfundiert geredet und geredet und geredet. Am nächsten Tag geht es dann weiter, indem die Aussagen der Experten aus den Talkrunden analysiert werden. Egal, was Legenden wie Oliver Kahn, Bastian Schweinsteiger, Per Mertesacker & Co. als erfahrene ehemalige Nationalspieler an Analysen abgeben – ihre Einschätzung wird von den Hobbyexperten im Detail totgelabert.
Irgendwann, so wünscht man sich dann, muss doch das alles dann auch mal Ende haben. Bla, bla, bla – eigentlich wiederholt sich diese Fußballleier doch Wochenende für Wochenende. Außenstehende sind es leid. Einmischen ist schwierig. Mitreden ist nämlich nicht erwünscht, nicht, dass da ein noch größerer Experte – oder gar eine Expertin – das Wissen der Hobbykommentatoren in Frage stellt. Denn eines ist für alle klar: Auch wenn man sich in der internen Fußballexpertenrunde uneins ist, so gilt doch die eiserne Regel gegenüber externen Mithörerinnen und Mithörern, diese keinesfalls mitreden zu lassen. Schließlich will man die Ernsthaftigkeit, inhaltliche Stärke und vor allem Richtigkeit nicht gefährden.
Und ich? Soll ich Gelaber also aushalten? Oder nicht als solches definieren? Einfach erkennen, dass sich hier wahre Experten unterhalten und selbst staunend lauschen? Den philosophischen Charakter der Unterhaltung schätzen lernen? Humor entwickeln und drüberstehen? Worüber? Über bloßes Gelaber, unnützes Geschwätz?
Egal, wie man sich entscheidet: Verhindern lassen sich die Privatanalysen der Bundesligaspiele dadurch nicht. Verhindern lässt sich eh wenig im Leben. Gut, ein Müller-Tor, das schon. Siehe Anfang. Aber vielleicht verhindern die Gesprächsrunden sogar Schlimmeres, denn wer über Fußball spricht – und das als Experte –, gibt nicht noch zusätzlich zu anderen Themen seinen Senf dazu. Erspart man sich somit schlussendlich vielleicht sogar weitaus sinnloseres Gelaber? Eine Frage, über die man lange reden könnte. Oder labern. Oder philosophieren ...

# Einen argumentativen Sachtext analysieren

## Seite 27

**2** Mögliche Notizen in der Randspalte: Überlastung der Pflegekräfte in vielen Bereichen: Pflege, Versorgung, Gespräche etc. mit Patient/-innen (vgl. Z. 1–15), komplexe Aufgabenbereiche, individuelle Ansprüche der Patient/-innen, zwischenmenschliche Bedürfnisse (vgl. Z. 16–37), unterschiedliche Ausführungen von pflegeunterstützender Robotik, besondere Wichtigkeit: sympathisches Aussehen (vgl. Z. 38–44), hohe Herstellungs- und damit verbunden hohe Anschaffungskosten, Problem der Finanzierung: Krankenkassen / privat?, Bund: Förderung von Pilotprojekten (vgl. Z. 45–64), weit entwickelte KI bietet noch keinen vollwertigen Ersatz für alle zwischenmenschlichen Ansprüche, Angst beim Pflegepersonal vor Verlust des Arbeitsplatzes: Robotik als vollwertiger Ersatz für Menschen? (vgl. Z. 78–88), Blick in die Zukunft: Notwendigkeit der ethischen Diskussion um fortschreitende Robotik-Technologien und deren Einsatz in der Pflege (vgl. Z. 89–95)

## Seite 30

**3** a Mögliche wichtige Textstellen:
„Pflegekräfte in Deutschland sind völlig überlastet“ (Z. 1 f.); „Roboter können aber Verschiedenes leisten und könnten die Pflegekräfte entlasten“ (Z. 20 f.); „auch die komplexen Abläufe sind für die Roboter kein Problem“ (Z. 26); „sich den zwischenmenschlichen Bedürfnissen zu widmen und auch einmal etwas länger zuzuhören, wäre gegeben, wenn ein unterstützender Roboter in den Alltag eingebunden wäre“ (Z. 34–36); „sind die probeweise eingesetzten Roboter in der Praxis bisher sehr beliebt“ (Z. 39 f.); „Nicht nur die Kosten der Herstellung der komplexen Technik-Wunder sind hoch“ (Z. 50 f.); „Die Krankenkassen springen hier jedenfalls nicht ein“ (Z. 56 f.); „das Zwischenmenschliche kann nicht technisch ersetzt werden“ (Z. 77 f.); „könnte es dann wie in der Industriellen Revolution zu massenweise Entlassungen des Pflegepersonals kommen“ (Z. 81–83); „dass die Forschung und Entwicklung auf diesem Gebiet weiter voranschreiten wird“ (Z. 94 f.); Fremdwörter: siehe Lösungen zu Aufgabe 4 a.
b In dem Text wird der mögliche Einsatz von Pflegerobotern im Alltag der Pflegeheime diskutiert, indem Vor- und Nachteile aufgeführt werden.

**4** a A komplex – d vielschichtig; B Enthusiasmus – f Begeisterung; C sensibel – g empfindlich; D Sensoren – c Messfühler; E rentabel – e lohnend; F Clou – b Kernpunkt, springender Punkt; G KI – a Künstliche Intelligenz
b komplexe Fernsteuerung (Z. 54 f.): komplizierte Steuerung über einen gewissen Abstand, etwa über das Internet; taktile Internetverbindung (Z. 54): für den Menschen kaum wahrnehmbare Reaktionszeit einer Anwendung, die durch das Internet gesteuert wird.

**5** Position: Die Pflegekräfte in Deutschland sind überlastet: „die Pflegekräfte in Deutschland sind völlig überlastet“ (Z. 1 f.)
These: Pflegeroboter können Pflegekräfte unterstützen: „Es soll sie geben, diese Entlastung. In Form eines Roboters.“ (Z. 16)
Pro-Argumente und Belege: „Roboter können aber Verschiedenes leisten und könnten die Pflegekräfte entlasten, gerade da, wo es an die körperliche Kraft geht“ (Z. 20 f.), Beleg: „Ein Roboter kann einem Patienten helfen, aus dem Bett aufzustehen und beispielsweise ins Bad oder zur Toilette zu gelangen“ (Z. 21–23); „Doch auch die komplexen Abläufe sind für die Roboter kein Problem“ (Z. 26), Beleg: „dass sie in all der Hektik, die gerade zu den Stoßzeiten wie dem Aufstehen, den Essenszeiten oder zur Schlafenszeit herrschen, nichts vergessen“ (Z. 29–31); „sind die probeweise eingesetzten Roboter in der Praxis bisher sehr beliebt“ (Z. 39 f.), Beleg: „Es gibt sie in verschiedenen Ausführungen: kleiner und größer, als Schmusetier, humanoid mit Kopf, Rumpf und Armen, aber ohne Beine, damit sie stabiler stehen. Hauptsache ist jedoch, dass sie sympathisch aussehen.“ (Z. 41–43); Kontra-Argumente und Belege: „Nicht nur die Kosten der Herstellung der komplexen Technik-Wunder sind hoch“ (Z. 50 f.), Erklärung: „Die Krankenkassen springen hier jedenfalls nicht ein“ (Z. 56); „Kritiker sind sich einig: Auch wenn eine KI schon einiges leisten kann – das Zwischenmenschliche kann nicht technisch ersetzt werden“ (Z. 77 f.), Beleg: „Wer möchte denn bitte sehr morgens von einer metallischen Stimme geweckt werden? Steife, kalte Metallfinger ziehen die Decke weg. Man stützt sich auf eine glatte, kalte, Fläche auf, um aus dem Bett zu steigen“ (Z. 66–68); „Sollten die Roboter keine Pilotprojekte mehr sein und in einem Hightech-Land tatsächlich kostengünstig hergestellt und eingesetzt werden können, könnte es dann wie in der Industriellen Revolution zu massenweise Entlassungen des Pflegepersonals kommen?“ (Z. 79–82), Beleg: „Schließlich wird ein Roboter nicht müde oder krank, er wird keine körperlichen Schäden von seiner harten Arbeit davontragen“ (Z. 82 f.)

**6** Die Autorin lässt in der Überschrift noch nicht zum Vorschein kommen, ob sie gegenüber dem Einsatz von Robotern in Pflegeheimen positiv oder negativ eingestellt ist. Die Überschrift deutet lediglich an, dass sich der folgende Text mit sämtlichen Folgen beschäftigt.

**7** These: Das Pflegepersonal ist überlastet und benötigt dringend Unterstützung
Pro-Argumente: Roboter entlasten die Pflegekräfte, sie sind zuverlässig und lernfähig, die Pilot-Roboter sind sehr beliebt
Kontra-Argumente: die Kosten sind sehr hoch, das Zwischenmenschliche kann ein Roboter nicht leisten, hohe Zahl an Kündigen der Pflegekräfte droht

## Seite 31

**8** Vermeiden sollte man die Formulierung B, da hier die Rede von einem Roboter ist und die Vorstellung eines Roboters vielen Menschen Angst macht. Ebenso sollte die Formulierung C vermieden werden, da die „Robotertechnologie“ sehr weit gefasst ist und man sich darunter nichts Konkretes vorstellen kann. Formulierung A kann verwendet werden, da die „Robotik“ eine Wissenschaft ist, über die man sich informieren kann.

Befürworter/-innen des Einsatzes von **ferngesteuerten** Robotern in der Pflege führen die **Überlastung** des Pflegepersonals an. Wenn ihnen ein Roboter die **körperlich harte** Arbeit abnimmt, hätten sie mehr Zeit für die **zwischenmenschlichen** Begegnungen mit den Patientinnen und Patienten.
Die Roboter sind gut bei wiederkehrenden **Abläufen** einsetzbar und können Neues **hinzulernen**. Noch sind sie als Pilotprojekt vereinzelt im Einsatz, denn die Krankenkassen übernehmen die Kosten **nicht**. Aber die Technik wird sich weiterentwickeln, damit irgendwann die Menschen möglichst **lange** in den eigenen vier Wänden wohnen können.

**9** A Der Text arbeitet mit bildhaften Beschreibungen, weil sich die Leser/-innen dadurch komplizierte Ideen einfacher vorstellen können.

B Forscher/-innen und Wissenschaftler/-innen werden als Autorität zitiert, weil auf eine fundierte Meinung Wert gelegt und dadurch Seriosität erzielt wird.

C Der Text enthält an mehreren Stellen Aufzählungen (Z. 21–23, 30), weil sich die Leser/-innen anhand mehrerer Beispiele den Nutzen des Pflegeroboters besser vorstellen können.

D Der Titel „Wenn die Robotik Einzug in die Pflege erhält" möchte verdeutlichen, dass der Einsatz von Robotern Auswirkungen auf die Pflege haben wird.

**10** Wenn die Roboter in der Pflege eingesetzt werden, werden die Patientinnen und Patienten oder Bewohner/-innen der Einrichtung wie Gegenstände am Fließband abgefertigt. Denn die Roboter können sich nicht emotional auf die Menschen einlassen. Es ist für einen Roboter z. B. nicht möglich, emotional darauf zu reagieren, wenn ein/-e Patient/-in verbalisiert, dass sie/er die Familie vermisse.
Das Zwischenmenschliche geht völlig verloren und die Menschen werden vereinsamen und/oder depressiv. Denn wenn man keine Menschen mehr um sich hat, sondern nur noch Maschinen, fühlt man sich einsam. Man hört z. B. kein tröstendes Wort mehr, man führt keinen Smalltalk mehr oder wird nicht mehr zum Lachen gebracht.

## Seite 32

**11** Im Sachtext „Wenn die Robotik Einzug in die Pflege erhält" von Maria Stubbe wird aufgezeigt, wie die Herausforderungen und die oftmals vorhandene Überlastung von Pflegekräften durch robotergestützte Technologien bewältigt werden können. Die Autorin spricht dabei auch Probleme beim Einsatz von Robotik in der Pflege an und gibt einen Ausblick auf zukünftige Entwicklungen.

**12** a Die Autorin steigt in das Thema ein, indem sie auf die angespannte Personalsituation in der Pflege verweist. Ausgehend von der Coronakrise, die eine völlige Überlastung des Pflegepersonals in Deutschland bewirkte, informiert die Autorin über die zahlreichen Bedürfnisse der Patient/-innen in Alten- und Pflegeheimen, denen man als Pflegekraft gerecht werden muss. Dadurch unterstreicht die Autorin die Forderung nach einer sinnvollen Unterstützung für das Pflegepersonal und stellt im Anschluss die robotergestützte Entlastung als Möglichkeit vor, die in Zukunft bei vielen Arbeitsabläufen unterstützend eingesetzt werden kann. An dieser Stelle arbeitet die Autorin mit zahlreichen bildhaften Beschreibungen, um der Leserschaft einen hilfreichen Einblick in die Funktionen eines die Pflegekräfte unterstützenden Roboters zu geben und die daraus resultierende Erleichterung für Pflegende und Patient/-innen zu betonen. Dabei hebt sie die zentrale Idee hervor, dass es nicht darum gehe, Ersatz für menschliches Pflegepersonal zu entwickeln, sondern eine technische Assistenz für Pflegende zu finden. Sie verweist auf die Bedingungen für die Akzeptanz bei den Senioren, indem sie verdeutlicht, dass ein Pflegeroboter ein möglichst sympathisches Aussehen haben müsse. In einem weiteren Abschnitt greift die Autorin das Problem der Finanzierung auf und führt die Notwendigkeit an, diese durch die Krankenkassen anzustreben, da gerade im privaten Bereich, für den die Robotik in der Pflege auch einmal eine Rolle spielen könnte, der Einsatz dieser Technologien ohne die finanzielle Unterstützung durch eine Krankenkasse nicht denkbar sei. Bevor die Autorin mit einem Ausblick in die Zukunft schließt, in dem sie von einer Weiterentwicklung der Pflegerobotik ausgeht, geht sie auf die in ihren Augen berechtigte Befürchtung des Pflegepersonals ein, in einigen Jahren durch High-Tech-Geräte ersetzt zu werden. Sie gibt zu bedenken, dass ein kostengünstiger Pflegeroboter in der Branche willkommen wäre und dies zu Entlassungen von menschlichem Pflegepersonal führen könnte.

b Um ihre Intention zu verstärken, über den Einsatz von Robotik in der Pflege zu informieren, greift die Autorin auf verschiedene sprachliche Gestaltungsmittel zurück. In Zeile 5 bis 12 zählt sie die zahlreichen Bedürfnisse der Patient/-innen in Pflegeheimen auf. Im Vergleich zum Aufgreifen einzelner Beispiele wirkt dies weitaus überzeugender, da die Leser/-innen hier die Belastung des Pflegepersonals stärker nachvollziehen können. Die Aufzählungen gehen sogar über den ersten Absatz hinaus, was die Wirkung noch verstärkt. Es wird sehr klar, dass die Pflegekräfte überlastet sind und dringend Unterstützung notwendig ist. Es folgen zwei rhetorische Fragen (Z. 13–15), deren Antwort durch die vorangehenden Aufzählungen schon vorgegeben ist. Sie drücken den dringenden Wunsch nach Entlastung aller aus, die sich mit den Problemen im Bereich der Pflege beschäftigen und verstärken den Aspekt der Notwendigkeit des Zeitgewinns für zwischenmenschliche Begegnungen, den die Autorin dringend fordert. Mit weiteren rhetorischen Fragen an die Leserschaft (z. B. Z. 70–75: „Und wenn man an diesem Morgen Schmerzen hat? Zerrt der Roboter dann trotzdem an einem? […] oder heute ein schlechter Tag ist?" soll diese dazu angeregt werden, sich eine eigene Meinung zum Thema zu bilden. Durch viele bildhafte Beschreibungen werden mögliche Szenarien verdeutlicht, die Lesenden sollen sich dadurch szenisch vorstellen können, wie ein möglicher Einsatz von Pflegerobotik im Alltag eines Altenheims tatsächlich aussehen könnte (Z. 66–69). Damit wirkt die Autorin möglichen Gegenargumenten und Szenarien entgegen, die sich beim Lesen ihres Artikels in den Köpfen eher skeptischer Leser/-innen abspielen könnten. Dies hilft, einer überaus negativen Haltung der Gesellschaft gegenüber robotischer Pflegeassistenz entgegenzuwirken und Vorurteile zu entkräften.

**13** Der Einsatz von Pflegerobotern klingt erst einmal verführerisch, wenn man bedenkt, dass die körperlichen Grenzen von Pflegekräften deutlich höher liegen als die von Robotern. Trotzdem macht gerade das Zwischenmenschliche in der Pflege viel aus: Vertrauen, Verständnis, Respekt. Diese Punkte kann ein Roboter nicht erfüllen und daher stehe ich dem Einsatz solcher Roboter sehr skeptisch gegenüber. Die hohen Kosten für diese Assistenten wären besser angelegt, wenn dafür Menschen eingestellt würden.

# Einen Novellenauszug analysieren

## Seite 33

**1** Eine Frau namens Hannelore Linstow ist allein in der großen Altbauwohnung, die sie gemeinsam mit ihrem Mann Dennis bewohnt, der gerade verreist ist. Das Paar scheint sich gut zu verstehen, sie wohnen noch nicht lange in der frisch renovierten Wohnung. Allerdings fühlt sie sich dort ein wenig unwohl wegen der Fenster zum unansehnlichen Lichthof und versteht nicht, weshalb ihr Mann nicht längst etwas gegen den Blick auf diesen Lichthof getan hat.

## Seite 34

**2** a Positive Aspekte: geborgene und geschützte Wohnung (vgl. Z. 10 f.); mit eleganten Schnitzereien verziert (vgl. Z. 14 f.); hochwertig ausgestattet mit Parkett, hohen Decken und Stuck (vgl. Z. 16–19); frisch renoviert (vgl. Z. 21); komfortable Küche (vgl. Z. 37); Einrichtung, die dem Ehepaar gefällt (Z. 40–42)
Negative Aspekte: hinter den Fenstern im Bad sieht man den unzugänglichen Lichthof, in dem der Putz von den Wänden abbröckelt (vgl. Z. 43–46, Z. 65)

b Mögliche Anstreichungen: „man sah, wie sie sich zögernd und als wäre sie von der Schönheit der Räume eingeschüchtert, auf die äußerste Kante eines Sofas setzte" (Z. 2–4); „Jedes Mal, wenn sie das Bad betrat, war sie bemüht, das, was sie störte, möglichst nicht zu beachten" (Z. 58 f.); „Zwei Gardinen vor den Fenstern hätten genügt, um sich beim An- und Auskleiden, beim Duschen oder Haarewaschen nicht beobachtet zu fühlen“ (Z. 50 ff.)

**3** Hannelore und Dennis scheinen schon einige Jahre verheiratet zu sein. Sie gehen vertraut miteinander um (vgl. Z. 29) und kennen einander gut, daher ist die Wohnung schnell eingerichtet (vgl. Z. 31). Hannelore scheint sich aber einsam zu fühlen, da ihr Mann in ihren Augen zu häufig verreist ist (vgl. Z. 1) und es ist ihr unerklärlich, dass ihr Mann sich nicht darum kümmert, den unansehnlichen Ausblick im Bad zu verhindern, der ihr Unwohlsein auslöst (vgl. Z. 53–57).

**4** Für Hannelore stellt der heruntergekommene Lichthof eine Bedrohung dar. Diese ist nicht eindeutig greifbar, aber Hannelore vermeidet den Blick aus dem Fenster, wann es nur geht, und fühlt sich beobachtet. Der Lichthof scheint sie also in große Unruhe zu versetzen. Sie kämpft dagegen an, ist aber gleichzeitig davon enttäuscht, dass Dennis dies nicht bemerkt oder als nicht so wichtig erachtet.

## Seite 36

**1** a Wiedergabe Hannelores Gedanken und Gefühle: Hannelore schreckt nachts aus dem Schlaf hoch (vgl. Z. 8); unsicher, da eine Stuckverzierung verschwunden scheint (vgl. Z. 11 f.); glaubt, einen Luftzug aus dem Bad zu verspüren (vgl. Z. 14 f.); Stuckverzierung wieder da, Hannelore glaubt, sie habe sich auch vom Luftzug täuschen lassen (vgl. Z. 16–22); Hannelore meint, dass sie nun ausgeschlafen alles richtig sieht (vgl. Z. 24 ff.); beim Schließen des Fensters im Bad blickt Hannelore in den Lichthof und sieht sich darin bestätigt, dass dieser Anblick verdeckt ist (vgl. Z. 30–33); sie ärgert sich über den schmutzigen Hinterhof und den verwirrenden Blickwinkel (vgl. Z. 34–38)
Kommentare und Bewertungen des Geschehens: „Und tatsächlich“ (Z. 27); „Drei Wochen später geschah etwas, womit niemand rechnen konnte.“ (Z. 43 f.); „hier war das Parken erlaubt“ (Z. 47 f.); „wer ihr entgegentrat, war jemand, den sie nicht kannte“ (Z. 51 f.)

b In Auszug 2 herrscht zunächst überwiegend die interne Fokalisierung, da die Leser/-innen über die Gedanken der Protagonistin Hannelore informiert werden: „Sie schaltete das Licht ein, dabei sah sie zur Decke glaubte zu bemerken [...] verschwunden war“ (Z. 10–13); „Aber wer ihr entgegentrat, war jemand, den sie nicht kannte“ (Z. 51 f.)

**2** Vorenthalten wird den Leser/-innen, wie Hannelore sich fühlt, als sie den Brief liest, ob sie es hat kommen sehen, ob sie zusammenbricht, ob sie die Sachen tatsächlich zusammensucht oder ob sie Herrn Mangold einfach aus der Wohnung wirft.

**3** Man erfährt nur die Gedanken von Hannelore, nicht aber von Dennis. Daher wissen die Leser/-innen auch nicht, weshalb er so viel verreist ist. Die Leserin / Der Leser identifiziert sich ausschließlich mit Hannelore, da sie/er keinen anderen Bezugspunkt hat. Die Gefühlswelt Dennis' und seine Beweggründe werden völlig ausgelassen. Unklar bleibt auch, ob ihm seine Entscheidung schwergefallen ist und wie Hannelore mit ihr umgehen wird. Rätselhaft ist auch, weshalb der Lichthof eine so wichtige Rolle für Hannelore einnimmt und ob dieses Symbol im Zusammenhang mit der Trennung steht. Die Erzählerin / Der Erzähler verwendet eine wenig gefühlsbetonte Darstellung der Trennung, wodurch die Lesenden erst einmal im Unklaren über die Hintergründe gelassen werden.

## Seite 37

**1** Hannelores psychische Befindlichkeit spiegelt sich metaphorisch in der Raumgestaltung wider, da sie zunehmend versucht, sich zurückzuziehen. Die Weitläufigkeit der Wohnung macht ihr nach Dennis' Auszug Angst, weshalb sie sich in das Zimmer zurückzieht, in dem sie sich seit jeher auch in Dennis' Abwesenheit geborgen fühlt. Dennoch kommt auch hier wieder Unbehagen auf.

**2** a Auszug 1, Z. 43–49: Der Lichthof wird zunächst beschrieben als lediglich unansehnlich; Sie fühlt sich von draußen beobachtet (vgl. Z. 52); der Lichthof ist finster (vgl. Z. 65).
Auszug 2, Z. 14 f. und 27–36: Die Existenz des Lichthofs scheint Hannelore zunehmend zu beschäftigen und zu verunsichern.
Auszug 3, Z. 14 f.: Hannelore wirkt besessen vom Lichthof, denn sie bildet sich mittlerweile einen Luftzug ein; Z. 22–26: Hannelore stellt sich ihrer Angst; Z. 33–39: Das bedrohliche Bild und die Unzugänglichkeit des Lichthofs werden beschrieben.

b Hannelore wird zunehmend vom Lichthof eingenommen; zunächst findet sie ihn unansehnlich, dann rückt er mehr in ihren Fokus, letztlich richtet sich ihr Verhalten nach ihm aus; Dennis scheint den Lichthof nicht so wahrzunehmen; trotz Hannelores Bitten unternimmt er nichts gegen den Anblick

c Der Lichthof als Dingsymbol verdeutlicht die Verdrängung der Eheprobleme von Hannelore und Dennis wie auch den zerrütteten Zustand ihrer Beziehung. Dennis ist sich der Eheprobleme bewusst; entsprechend stört ihn der Anblick des Lichthofs nicht. Hannelore andererseits verdrängt ihre Eheprobleme und verschließt ihre Augen davor; entsprechend hat sie einen Vorhang vor den beängstigenden Lichthof gehangen. Erst am Ende der Novelle reißt sie den Stoff herunter und betrachtet den Lichthof in seiner ganzen Schäbigkeit. Ihr impulsives Handeln deutet darauf hin, dass sie sich nicht nur den Rest ihrer Wohnung, sondern auch die Kontrolle über ihr Leben wieder zurückerobern will.

## Seite 38

**3** mögliche Diskussionsgrundlage:
- In der Novelle „Der Lichthof" wird gezeigt, wie sich zwei Ehepartner auseinanderleben und ihre Ehe schließlich zerbricht.
  → entspricht eher einer Inhaltsangabe und nicht einer Kernaussage
- Die Novelle „Der Lichthof" verdeutlicht, welche negativen Folgen es haben kann, wenn sich eine Frau in der heutigen Gesellschaft zu stark auf ihren Mann fixiert.
  → nicht das Hauptthema
- Die Novelle „Der Lichthof" lässt die gestörte Kommunikation zwischen zwei Ehepartnern deutlich werden.
  → Die Eheleute sprechen nicht über ihre Beziehungsprobleme, sondern verschweigen diese so lange, bis ein endgültiger Bruch nicht mehr abzuwenden ist.
- In der Novelle „Der Lichthof" wird gezeigt, dass manche Menschen Probleme so lange verdrängen, bis eine Katastrophe nicht mehr abzuwenden ist.
  → Der Wunsch nach Verdecken des hässlichen Lichthofs kann als Bestreben Hannelores gedeutet werden, ihre Beziehungsprobleme zu verdrängen. Dies führt letzten Endes dazu, dass es keine Gelegenheit gibt, über ihr Auseinanderleben mit Dennis zu sprechen und dieses möglicherweise abzuwenden.
- Die Novelle „Der Lichthof" verdeutlicht, dass das Verdrängen zwischenmenschlicher Probleme ein häufiges gesellschaftliches Problem ist.
  → In der Novelle geht es um ein exemplarisches Beispiel, welches jedoch nicht als allgemeines gesellschaftliches Problem herausgestellt wird.

→ Als geeignete Deutungshypothesen wären Nr. 3 und 4 gut zu begründen.

**4** Bereits zu Beginn der Novelle lässt sich erahnen, dass die Beziehung der Eheleute nicht spannungsfrei ist. Hannelores Gedanke „Dennis ist schon wieder verreist" (Z. 1) verdeutlicht gleich im ersten Satz der Novelle ihre Unzufriedenheit über diesen Zustand.

**5** Offensichtlich scheint Hannelore die vorhandenen Beziehungsprobleme verdrängen zu wollen **(vgl. Auszug 1, Z. 53–57)**. Welche Bedeutung Dennis der Ehe beimisst, ist nicht klar ersichtlich. Seine häufigen Dienstreisen verdeutlichen auf jeden Fall, dass ihm die Nähe zu seiner Ehefrau nicht besonders wichtig erscheint **(vgl. Auszug 1, Z. 1)**. Letzten Endes wagt er es nicht einmal, seiner Frau gegenüberzutreten und ihr seinen Entschluss, die Beziehung zu beenden, persönlich mitzuteilen **(vgl. Auszug 2, Z. 51–62)**.

**6** Mögliche Lösung:
Der erste Auszug beginnt damit, dass Hannelore allein in der gemeinsamen Wohnung von ihr und ihrem Ehemann Dennis ist, der wieder einmal verreist ist (vgl. Z. 1–4). Es handelt sich um eine elegante, große Wohnung (vgl. Z. 5 f.). Ein kurzer Rückblick beschreibt, wie das vertraute Ehepaar diese neue Wohnung anschaut und überlegt, wie sie am schönsten eingerichtet werden kann (vgl. Z. 25–42). Etwas trübt die Ästhetik der hübschen Altbauwohnung in Hannelores Augen allerdings: der Lichterhof. Er ist vom Bad aus zu sehen, heruntergekommen und übt auf sie scheinbar eine gewisse Bedrohung aus. Sie schafft es nicht, ihn aus ihrem Blickfeld verschwinden zu lassen, obwohl sie es versucht (vgl. Z. 42–49).
Im zweiten Auszug glaubt Hannelore zu Beginn einen Luftzug zu spüren (vgl. Z. 9 f.). Sie erkennt die Stuckverzierung an der Decke nicht mehr und glaubt, den Zug aus dem Bad zu spüren (vgl. Z. 11–15). Als sie die Stuckverzierung wieder erkennen kann, ist sie beruhigt, bemerkt aber, dass das Fenster im Bad tatsächlich offensteht. Sie schließt es schnell und sieht sich darin bestätigt, wie gut es war, den Anblick des Lichterhofs durch das Fenster mit einem Vorhang zu verdecken (vgl. Z. 16–33). In diesem Moment klingelt das Telefon, es ist Dennis und er zeigt sich um Hannelore besorgt (vgl. Z. 36–42). Später beobachtet Hannelore zufällig, wie Dennis' Limousine vorfährt aber ein Fremder aussteigt. Er übergibt Hannelore einen Brief, in dem Dennis sich von ihr trennt, da er sich in eine andere Frau verliebt hat und mit ihr leben möchte. Die meisten Habseligkeiten sollen bei Hannelore bleiben, aber ein paar wenige Dinge soll sie bitte zusammensuchen und dem fremden Herrn mitgeben (vgl. Z. 45–63).

Im dritten Auszug überlegt Hannelore, wie sie die Wohnung verändern soll. Doch der Raum, in dem sie während Dennis' Abwesenheit schlief, soll unverändert bleiben. Da spürt sie wieder einen Luftzug. Im Bad reißt sie den Vorhang vom Fenster und blickt in den Hof (vgl. Z. 5–15).
Durch die gewählte Erzähltechnik werden die Gedanken von Hannelore beschrieben, nicht aber die von Dennis. Eine Passage mit externer Fokalisierung beschreibt das Paar und das Haus (vgl. Auszug 1, Z. 25–42). Hannelores Unsicherheit wird durch ihre Gedanken und Gefühle deutlich. Dennis' Trennung und seine Beweggründe hingegen bleiben rätselhaft. Somit wissen die Leser/-innen nicht mehr als die handelnden Figuren, da die Handlung neutral-beobachtend geschildert wird.
Über Hannelore und Dennis erfährt man lediglich die Namen, nicht aber das Alter. Hannelore scheint nicht berufstätig zu sein, über Dennis' Figur erfährt man nur, dass er häufig geschäftlich auf Reisen geht (vgl. Auszug 1, Z. 1).
Die Figur der Hannelore wird äußerlich nicht beschrieben. Sie wirkt unsicher, verängstigt und von Dennis abhängig. Sie wird von der Trennung völlig überrascht, hat es nicht kommen sehen (vgl. Auszug 2, Z. 43 f.). Nach der Trennung möchte sie umräumen, aber es wirkt, als brauche sie ihren „Schutzraum", denn dieser ist der einzige Raum, den sie nicht umgestalten möchte (vgl. Auszug 3, Z. 5–15). Letztlich stellt sie sich dem Lichthof, nachdem sie wieder einen Luftzug zu spüren glaubt (vgl. Auszug 3, Z. 24 ff.).
Auch die Figur Dennis wird äußerlich nicht beschrieben. Er scheint nicht an der Ehe interessiert zu sein. Er ist viel unterwegs und tut nichts gegen Hannelores Angst, denn er hat keine Firma beauftragt, um etwas am Blick auf den Lichthof zu ändern (vgl. Auszug 1, Z. 53–57). Man kennt seine Beweggründe nicht. Er wirkt sogar ein bisschen feige, da er die Ehe nur durch einen Brief beendet und jemanden schickt, um seine Sachen abzuholen (vgl. Auszug 1, Z. 51–63). Dies steht allerdings in einem Widerspruch zu seinem Anruf: er scheint um Hannelore besorgt und ist damit einverstanden, einen Vorhang im Bad anzubringen (vgl. Auszug 2, Z. 39–42). Dennoch möchte er die Trennung. Allerdings soll alles bei ihr bleiben. Er stellt Hannelore seine Hilfe in Aussicht und auch, die neue Frau kennenzulernen (vgl. Auszug 3, Z. 1–4). Denn dies könnte sowohl für ein schlechtes Gewissen sprechen als auch dafür, dass er Hannelore nicht verletzen möchte, weil er sie mag.

## Ein Gedicht erschließen und deuten

### Seite 39

**1** Das Gedicht malt ein sehr düsteres Bild vom Krieg und der hilflosen Angst, die man verspürt, wenn man dieser Situation ausgesetzt ist.
Weitere Auffälligkeiten:
- eine einzelne Strophe mit 10 Versen; kein Reim → keine Ordnung im Gedicht wie im Krieg
- durch Enjambements kein Zeilenstil
- Enjambement (V. 2 f.), Ellipsen (V. 5), Parataxe mit sehr kurzen HS mit max. 4 Wörtern (V. 3–7) → wirkt sehr unruhig; betont brutalen Inhalt
- Gegensätze („frierst" und „heiß", V. 4; „Krieg" und „Frieden", V. 1)
- Personifikationen („Trompeten kreischen", V. 2; „Äcker röcheln", V. 5) → verdeutlicht Grausamkeit und Leiden
- Assonanzen („Nächte brennen", V. 3; „Horizont […] Kanonendonner", V. 8; „platzen die Granaten", V. 10)

### Seite 40

**2** A Es wird eine bedrohliche Situation des Krieges beschrieben, mit allen Sinneseindrücken, über die man den Krieg wahrnehmen kann: sehen, hören, fühlen.
B Angesprochen werden Aspekte wie die Nöte, die man erleidet, wie etwa der Hunger (vgl. V. 4), die Zerstörung (vgl. V. 6) oder der Krach (vgl. V. 8).
C Der Titel des Gedichts weist darauf hin, dass ein Krieg ausbrechen wird.

**3** Nach einer **Feststellung der Unausweichlichkeit des Kriegs** steht in den ersten Versen **das vom Krieg verursachte Leid der Menschen** im Mittelpunkt. **Sinneswahrnehmungen und Gefühle** bringen dies zum Ausdruck. Anschließend wird das **Kriegsgeschehen mit seiner sichtbaren Zerstörung** und Gewalt dargestellt. Ein **Entkommen scheint unmöglich**.

**4** In dem Gedicht tritt ein/-e Sprecher/-in durch Personalpronomen nicht ~~/ direkt~~ in Erscheinung. Mit den Pronomen „Du" und „Dir" ~~/ „Ihr"~~ wird jedoch ein Gegenüber unmittelbar ~~/ indirekt~~ angesprochen, was besonders eindringlich ~~/ distanziert~~ wirkt (vgl. V. 3/4). Die/Der Sprechende, die ihre bzw. der seine Wahrnehmungen ~~genau /~~ in drastischen Bildern schildert, äußerst zunächst insbesondere ~~Gedanken /~~ Sinneswahrnehmungen. Dies verändert sich ab ~~Vers 4 /~~ Vers 6. Von da an konzentriert sich die Darstellung auf das Kriegsgeschehen ~~/ die Gefühlswelt~~. Die Stimmung wirkt verzweifelt ~~/ hoffnungsvoll~~.

**5** a

| | |
|---|---|
| Anzahl der Strophen und Verse | 1 Strophe, 10 Verse |
| Reimschema | nicht wiederkehrend |
| Metrum | vorrangig Jambus; besonders in V. 5–6 aufgebrochen: „Kirchtürme stürzen" (V. 6) > Ausbruch aus dem Metrum verdeutlicht ganz konkret die Zerstörung (Daktylus) |

b A + C

## Seite 41

**6** a/b

| **Textbeleg (mit Vers)** | **sprachliche Mittel** | **Wirkung / Deutung** |
|---|---|---|
| „Krieg […] Frieden“ (V. 1); „Du frierst […] Dir ist heiß“ (V. 4) | Antithese | verdeutlicht die extremen Gegensätze, auch in den Empfindungen, die ein Krieg auslösen kann (bspw. von Verwundeten im Lazarett) |
| „Zu lange war schon Frieden“ (V. 1) | Tempuswechsel | ist als eine Vorausdeutung zu lesen; es sagt voraus, was geschehen wird, wenn der Krieg ausbrechen wird |
| „Trompeten kreischen / Dir tief ins Herz“ (V. 2 f.) | Enjambement | Vorstellung von Fanfaren, verdeutlicht wie tief der Krieg vordringt, welche Angst er auslöst |
| „Dann ist der Spaß vorbei. Trompeten kreischen / Dir tief ins Herz. Und alle Nächte brennen. / Du frierst in Zelten. Dir ist heiß. Du hungerst.“ (V. 3–7) | Parataxe | wirkt sehr unruhig, betont brutalen Inhalt |
| „Nächte brennen“ (V. 3), „Horizont […] Kanonendonner“ (V. 8), „platzen die Granaten“ (V. 10) | Assonanzen | veranschaulicht, was der Krieg auslösen wird, und steht für die Feuersbrunst, die ein Krieg durch die Kämpfe, Granaten und Bomben mit sich bringt; verdeutlichen Grausamkeit und Leiden; Vorstellung von auf dem Kriegsfeld sterbenden Menschen |
| „Trompeten kreischen (V. 2); „Nächte brennen“ (V. 3); „Äcker röchlen“ (V. 5) | Personifikation | |
| „Ertrinkst. Zerknallst. Verblutest.“ (V. 5) | Ellipse | verdeutlicht die zahlreichen Qualen, die durch den Krieg ausgelöst werden bzw. mögliche Todesursachen im Kampf |

**7** Im Kern des Gedichtes geht es um den bevorstehenden Ersten Weltkrieg. Der lyrische Sprecher führt den Lesenden anhand drastischer Beispiele ein grausames und schreckliches Kriegsszenario vor Augen.

## Seite 42

**1** **Alfred Lichtenstein** verfasste das Gedicht **„Doch kommt ein Krieg“** am 9./10. Juli 1914 und somit kurz vor dem Ersten Weltkrieg. Er thematisiert **darin die Grausamkeiten des Kriegs, der in seinen Augen auf jeden Fall kommen wird.**

**2** **a–c** Durch die Wahl ausdrucksstarker und eindringlicher Verben werden die bedrohlichen und beängstigenden Eindrücke des Kriegsgeschehens für die Lesenden vorstellbar. Insbesondere werden visuelle und auditive Sinneswahrnehmungen vermittelt. Beispielsweise kreischen Trompeten (vgl. V. 2) dem lyrischen Du „tief ins Herz“ (V. 3). Diese Verse rufen ein Bild von Kriegsfanfaren hervor, die den Krieg ankündigen und das lyrische Du im Innersten treffen. Gleichzeitig weckt das Kreischen der Trompeten auch die Vorstellung von kreischenden Menschen, die qualvolle Schmerzen erleiden. Durch die Formulierungen „alle Nächte brennen“ (V. 3) und „Städte krachen“ (V. 7) werden den Lesenden durch Feuer zerstörte Landstriche und zertrümmerte Städte nachdrücklich vor Augen geführt. Sie leuchten hell in der Nacht und stehen so im Gegensatz zur friedlichen Ruhe, die nachts eigentlich herrschen sollte.

Doch nicht nur Städte, Dörfer und Landstriche fallen dem Krieg zum Opfer: Die Personifikation „Äcker röcheln“ (V. 5) steht für die auf dem Schlachtfeld sterbenden Menschen. Die Art und Weisen, wie sie ums Leben kommen, zeigt Vers 5: „Ertrinkst. Zerknallst. Verblutest.“ Es ist davon auszugehen, dass mit „Ertrinkst“ das Ertrinken im eigenen Blut gemeint ist, oder im Schlamm im Schützengraben. Besonders deutlich ist hier der Neologismus „[z]erknallst“, der die Grausamkeit der im Ersten Weltkrieg verwendeten Waffen herausstellt. Auch die Granaten zerreißen die Menschen auf dem Schlachtfeld brutal: „Und dir zu Häupten platzen die Granaten“ (V. 10). Ganz eindeutig ist hier die Rede von einer großen Zahl an durch Granaten Getöteten.

Die, die überleben und verwundet werden, finden sich im Lazarett wieder und leiden dort heftige Qualen, was in Vers 4 dargestellt ist: „Du frierst in Zelten. Dir ist heiß. Du hungerst“.

Doch nicht nur auf dem Schlachtfeld erleben die Menschen die erschütternden Geräusche des Kriegs: Das Enjambement „Tod. Trompeten kreischen / Dir tief ins Herz“ in Vers 2 f. beschreibt Fanfaren, die den Krieg ankündigen und das Du im Innersten treffen.

Auffällig ist auch die häufige Kombination von Verben und Nomen, die nicht zusammenpassen. Diese verwendet Lichtenstein deshalb, weil die Subjekt-Objekt-Relation vertauscht ist, wie etwa „Winde zucken“ (V. 7). Auch beschwören ungewöhnliche Textstellen wie in Vers 6, „Fernen sind in Flammen“, ein sehr lebendiges Bild der Grausamkeiten des Kriegs herauf.

**3** Im Jahr 1914 herrschen starke Spannungen unter den Ländern in Europa, sodass diese mit einer aggressiven Aufrüstung beginnen. Die national aufgeheizte Stimmung gipfelt schließlich im Ausbruch des Ersten Weltkriegs. Alfred Lichtenstein veröffentlichte sein Gedicht „Doch kommt ein Krieg“ als Ahnung einer Weltkatastrophe. Er beschreibt darin mit zahlreichen sprachlichen Mitteln die Grausamkeit des Kriegs, der nicht nur Dörfer, Städte und Landstriche zerbombt und ausbrennt, sondern auch zahlreiche Menschen das Leben kostet – sei es auf dem Schlachtfeld selbst, in den Trümmern der Städte oder nach qualvollem Leiden im Lazarett. Kurz nach Beginn des Ersten Weltkriegs findet Alfred Lichtenstein am 25.09.1914 den Tod als Soldat an der Westfront in Frankreich.

# Eine Dramenszene analysieren und interpretieren

## Seite 43

**1** Der Textauszug beinhaltet ein Gespräch der Männer des örtlichen Turnvereins. Dabei geht es zunächst um das Verhältnis Fabians zu einer bestimmten Frau, dem Zeck näher auf die Spur kommen will. Im weiteren Verlauf sprechen die Figuren Zeck, Fabian und Bibrich dann über den schlechten Zustand des Schwimmbades. Sie beschließen, den Pionieren das Holz, das diese für den Brückenbau zur Verfügung haben, für einen neuen Steg zu stehlen.

## Seite 45

**2** Zeck ist der ältere Freund Fabians und scheint damit über ihm zu stehen: „Frechwerden steht dir noch nicht zu" (Z. 7). Außerdem stammt von ihm die Idee, den Pionieren das Holz für die Brücke zu stehlen (vgl. Z. 81 f.), was Bibrich mit Unruhe erfüllt: „Der Pionier ist im Land!" (Z. 89). Da er einem Diebstahl zunächst skeptisch gegenübersteht, sich aber anscheinend umentscheidet („Das ist nicht mehr wie gerecht", Z. 95), steht er vermutlich auch unter Zeck.

**3** a **B** Eine Frau gilt als Trophäe des Mannes. Textbeleg: „Wie weit bist du mit deiner Bestimmten?" (Z. 3 f.)
**C** Erst wer sexuellen Kontakt zu einer Frau hatte, gilt als Mann etwas. Textbeleg: „Nur wenn du uns ihren persönlichen Unterrock bringst." (Z. 19 f.)

b Fabian möchte sich dazu nicht äußern (Z. 5 f.: „Ich frage dich auch nicht nach deiner Bestimmten") und möchte auch nicht, dass er damit aufgezogen wird, dass er eine Frau mag (Z. 11: „Ihr sollt mich nicht aufziehn"). Außerdem möchte er in dieser Hinsicht ernst genommen werden (Z. 17 f.: „Ich kann verlangen, daß man mich ernst nimmt").

**4** Mögliche Lösung:
**schlechter Zustand des Stegs:** „Der ganze Sausteg ist eine Falle" (Z. 28)
**Unmut gegenüber dem Turnverein und seiner Untätigkeit:** „Der Verein bringt keinen Steg auf die Welt. [...] Für uns hat er nichts. Das sind doch Hirschen" (Z. 29 f.), „Der Verein soll sich rühren, verdammt" (Z. 34)
**Unmut gegenüber der Stadt/Politik:** „Der Verein hat schon viermal bei der Stadt einen Vorstoß gemacht für einen Steg. Auf dem Ohr hört die Stadt nicht" (Z. 36–38)
**Schlechte Zukunftsaussichten des Vereins:** „Der Schwimmer, der ist der Dumme" (Z. 39), „Man kann nicht einmal ein Schauspringen organisieren, wenn man nichts hat, worauf man den Zuschauer stellt. Ohne Schauspringen kein Eintritt" (Z. 40 ff.)
**Unhaltbarer Zustand der gesamten Einrichtung:** „Das war ein Verteidigungsgraben. Für Sport und Schau ist das nicht gemacht. Wir haben genommen, was da war" (Z. 45 ff.), „Die hängen und noch ein Schild hin: Zutritt verboten. Wir sitzen da und haben nicht einmal einen baufälligen Steg und haben kein Bad" (Z. 65–68)
**Benachteiligung im Verhältnis zu anderen Gruppen/Vereinen:** „Nur die Fußballer ziehen das Geld an" (Z. 51), „Wir haben überhaupt keine Aussicht" (Z. 54)

## Seite 46

**5** a Dialektaler Sprachgebrauch („ein Holz", Z. 81; „Das ist nicht mehr wie gerecht", Z. 95): Ausdruck der lokalen Zugehörigkeit
„Der Pionier ist im Land!", Z. 89 = Exklamatio (Ausruf): hier ein Ausdruck der Zustimmung
„Der Pionier baut eine Brücke. Die Brücke gibt er der Stadt. Von der Stadt bekommt er das Holz.", Z. 90 f. = Chiasmus: Kreuzweise Anordnung von Satzgliedern
„Weil ihm das Wasser bis zum Hals steht.", Z. 96;
„Der Steg ist nicht einmal ein kleiner Wald. Einen kleinen Wald muß die Stadt sich eben leisten.", Z. 99 = Parataktische Sätze / Ellipsen: dienen dazu, die Entwicklung des Plans/Gedankengangs zu veranschaulichen; am Ende wird das eigene Tun als „gerecht" und „verhältnismäßig" vorgestellt

b Der vorliegende Sprachstil ist: umgangssprachlich.

c Marieluise Fleißer verwendet den Dialekt als Gestaltungsmittel, da die Figuren dadurch authentischer und lebendig wirken. Dass Bibrich aufgebracht ist, zeigt sich bspw. in seiner Aussage: „Das ist nicht mehr wie gerecht" (Z. 8).

**6** Das 3. Bild „Schwimmbad Männerturnverein" aus Marieluise Fleißers modernem Drama „Pioniere in Ingolstadt" zeigt ein emotionales Gespräch von Mitgliedern des Männerturnvereins. Es mündet letztlich in dem Entschluss, den in der Stadt anwesenden Pionieren das Holz für den Brückenbau zu stehlen, um den Schwimmsteg zu reparieren. Die Männerfiguren wollen damit einerseits ihren Mut beweisen und andererseits für Gerechtigkeit sorgen, denn sie fühlen sich auch im Hinblick auf die Frauenwelt von den Pionieren herausgefordert.

## Seite 47

**7** Das Bild lässt sich in dem ersten Teil des Dramas einordnen, wo anhand der einzelnen Szenenbilder die Handlung entwickelt wird. Am Beginn der Szene unterhalten sich zunächst Zeck und Fabian über dessen Liebesleben. Hier zeigt sich relativ schnell, dass jener nicht viel darüber preisgeben möchte und vor allem nicht mit seiner Unerfahrenheit und vermeintlichen Schüchternheit aufgezogen werden will. Als Bibrich während dieser Unterredung über den maroden Steg balanciert, in ein Loch tritt und stürzt, entspinnt sich eine Diskussion um den maroden Zustand des Schwimmbads. Im Vergleich zu anderen Vereinen, so beklagen sie, würde sich die Stadt nicht in angemessener Weise um die Schwimmer kümmern. Die Reparatur des Holzstegs sei seitens der Stadt wiederholt abgelehnt worden, wird moniert. Diese Behandlung empfinden die Männer als ungerecht, zumal ohne Reparaturen auch die finanzielle Zukunft des Vereins auf dem Spiel steht, weil keine Schauspringen mehr veranstaltet werden können.
Beim Ausmalen möglicher Folgen dieses Missstands und der Abwägung der Möglichkeiten wird erwogen, den Steg vielleicht in Eigeninitiative reparieren zu können, wozu Bibrich als gelernter Schreiner seine Hilfe anbietet. Auf die Frage, woher das Material dafür kommen könnte, bringt Zeck einen Holzdiebstahl ins Spiel. Die Gruppe soll den Pionieren das Holz für die Errichtung einer Brücke stehlen und damit den Steg instand setzen, was von den Beteiligten im Laufe des Gesprächs als gerecht empfunden wird.

**8** Gleich am Beginn des Gespräches wird deutlich, dass Zeck es gewohnt ist, dominant aufzutreten und die Gesprächsinitiative zu ergreifen. Mit der Feststellung „Ich höre zuwenig. Wie weit bist du mit deiner Bestimmten?" (Z. 3 f.) möchte er über Fabians Intimitäten Auskunft erhalten und stichelt gegen ihn, weil dieser nichts über sein Liebesleben preisgeben will. Mit der Versicherung, dass sich eine Beziehung zu einer Frau anbahne und diese seine Flamme sei (vgl. Z. 12), versucht Fabian, das Gesprächsthema zu wechseln, doch weiteren spöttischen Bemerkungen seitens Zecks kann er nicht entgehen. Erst als Bibrich aufgrund des schlechten Zustands des Stegs fällt, erhält das Gespräch eine neue Richtung. Die drei Männer beklagen sich über die marode Ausstattung des Schwimmbades und erheben Anklage gegen den Verein und die Stadt, wobei auch deutliche Kraftausdrücke fallen: „Der Verein bringt keinen Steg auf die Welt. [...] Für uns hat er nichts. Das sind doch Hirschen" (Z. 29 f.). Dieser Unmut steigert sich, indem sich die Protagonisten gegenseitig mit ihren Einwürfen anstacheln und bekräftigen. Dabei sind die Redeanteile sehr ausgeglichen (vgl. Z. 30–72). Mit der Behauptung „Nur die Fußballer ziehen das Geld an" (Z. 51), die mit der desillusionierenden Feststellung Fabians „Uns geben die Fußballer nichts" (Z. 52) aufgegriffen wird, tritt das Gefühl der Protagonisten, ungerecht behandelt zu werden, deutlich in den Vordergrund. Wiederum im raschen Wechsel der Redebeiträge rekapitulieren sie nochmals die schlechten Möglichkeiten des Turnvereins sowie die damit verbundenen düsteren Zukunftsaussichten (vgl. Z. 55–59).
Nachdem ein Streik als Druckmittel auf die Stadt schnell als aussichtslos fallengelassen wird, kommt – initiiert durch Bibrich – die Rede auf eine Reparatur des Stegs. Das fehlende Holz, so deutet es Zeck an, könne man von den mit einem Brückenbau betrauten Pionieren stehlen. Dieser Vorschlag wird sogleich als Mutprobe verstanden (vgl. Z. 81–86). Gemeinsam und wiederum in abwechselnden Gesprächsbeiträgen gehen sie ihr Vorhaben durch und stellen es angesichts ihrer misslichen Lage als gerechte Reaktion dar (vgl. Z. 90–99).

## Seite 48

**9** **a** Auch die sprachliche Gestaltung der einzelnen Redebeiträge lässt Rückschlüsse auf die Stimmung und die Handlungsabsichten der Protagonisten zu.
So zeigt der an der **Mündlichkeit** orientierte, teilweise dialektale Sprachgebrauch in Formulierungen wie „Der Verein bringt keinen Steg auf die Welt" (Z. 29) oder: „Das ist nicht mehr wie gerecht" (Z. 95), dass hier ein **vertrauensvolles** Gespräch in einer Männerrunde vorliegt. Im ersten Teil der Unterredung, als Fabians Liebesleben thematisiert wird, nutzt Zeck unter anderem die **Exklamation** „Unser Wüstling! Hehe!" (Z. 16), um sich über Fabian und seine Unerfahrenheit lustig zu machen. Dessen bereits zuvor in Form einer **Ellipse** geäußerte Beschwichtigung „Nicht hetzen, Häuptling" (Z. 8), die auch eine **Alliteration** enthält, soll Zecks Vorstoß **ins Leere laufen lassen,** doch im wenig später genutzten Aussagesatz „Ich kann verlangen, daß man mich ernst nimmt" (Z. 17 f.) wird deutlich, dass Fabian sich gegen solche intimen Fragen wehrt und sich nicht **gleichwertig** behandelt fühlt.

**b** Im zweiten Teil des Gesprächs wird durch die sprachliche Gestaltung besonders die Emotionalität der Protagonisten deutlich. Der häufige Wechsel der Redebeiträge gerade am Schluss des Bildes (vgl. Z. 69–82) und die gelegentlichen Ergänzungen (vgl. Z. 80–84) lassen darauf schließen, dass sie sehr aufgebracht sind. Sie schaukeln sich gegenseitig hoch und stacheln sich gegenseitig dazu an, das Holz bei den Pionieren zu stehlen, um selbst für Gerechtigkeit zu sorgen, indem sie ihren Steg mit dem Holz der Stadt selbst reparieren (vgl. Z. 90–99).

**10** Mit **Schimpfwörtern und Kraftausdrücken** wie „Sausteg" (Z. 28) oder „Hirschen" (Z. 30) machen Zeck, Fabian und Bibrich ihrem Unmut über den Zustand des Bades und die dafür Verantwortlichen Luft. Zudem wird dadurch deutlich, dass die Behandlung der Schwimmenden von ihnen als ungerecht und unhaltbar empfunden wird: „Und nur, weil man den Schwimmer bescheißt" (Z. 71 f.).
Bei der Analyse ihrer als hoffnungslos empfundenen Situation verfallen die drei Männer in einen **Klageton** und werden durch kurze Einwürfe in Form von **Parataxen oder Ellipsen** den anderen zum Stichwortgeber. Auch die Verwendung von **rhetorischen Fragen** erfüllt diese Funktion: „Seit wann tut das der Stadt weh?" (Z. 62). Als die Idee des Holzdiebstahls aufkommt, wird diese Art der gegenseitigen Bestärkung noch deutlicher, indem bestimmte Wörter des Vorredners in Form von **Wiederholungen** aufgegriffen werden und dadurch eine Rechtfertigung des illegalen Plans entsteht. Die Redebeiträge „Der Pionier ist im Land! / Der Pionier baut eine Brücke. Die Brücke gibt er der Stadt. Von der Stadt bekommt er das Holz / Die Stadt gibt dem Schwimmer das Holz nicht. / Der Schwimmer nimmt sich das Holz. / Das ist nicht mehr wie gerecht" können hier als

Beispiel dienen. Schließlich machen die vorzufindenden **Exklamationen** wie „Man muß sich schon traun!" (Z. 84) deutlich, dass der Diebstahl innerhalb der Männerrunde auch als Beweis für Tatkraft und Mut angesehen wird.

11 Die Szene verdeutlicht, dass die Männer des Turnvereins sich nicht in ausreichendem Maß wertgeschätzt fühlen und bereit sind, den empfundenen Missständen durch Eigeninitiative zu begegnen, wobei sie auch vor einer Straftat nicht zurückschrecken. Dieser Diebstahl ist für den weiteren Handlungsverlauf von Bedeutung, weil die Pioniere nach erfolgter Tat herausfinden wollen, wer diese begangen hat. Der Gegensatz zur heimischen Männerwelt wird dadurch ausgeweitet, was die Konkurrenz verschärft.

12 Mögliche Textanalyse:
Das 3. Bild „Schwimmbad Männerturnverein" aus Marieluise Fleißers modernem Drama „Pioniere in Ingolstadt" zeigt ein emotionales Gespräch von Mitgliedern des Männerturnvereins. Es mündet letztlich in dem Entschluss, den in der Stadt anwesenden Pionieren das Holz für den Brückenbau zu stehlen, um den Schwimmsteg zu reparieren (vgl. Z. 90–99). Die Männerfiguren wollen damit einerseits ihren Mut beweisen (vgl. Z. 84) und andererseits für Gerechtigkeit sorgen (vgl. Z. 95), denn sie fühlen sich auch im Hinblick auf die Frauenwelt von den Pionieren herausgefordert.
Das Bild lässt sich in den ersten Teil des Dramas einordnen, wo anhand der einzelnen Szenenbilder die Handlung entwickelt wird. Am Beginn der Szene unterhalten sich zunächst Zeck und Fabian über dessen Liebesleben. Hier zeigt sich relativ schnell, dass jener nicht viel darüber preisgeben möchte und vor allem nicht mit seiner Unerfahrenheit und vermeintlichen Schüchternheit aufgezogen werden will (Z. 1–20). Als Bibrich während dieser Unterredung über den maroden Steg balancierend in ein Loch tritt und stürzt, entspinnt sich eine Diskussion um den maroden Zustand des Schwimmbads. Im Vergleich zu anderen Vereinen, so beklagen sie, würde sich die Stadt nicht in angemessener Weise um die Schwimmenden kümmern. Die Reparatur des Holzstegs sei seitens der Stadt wiederholt abgelehnt worden, wird moniert. Diese Behandlung empfinden die Männer als ungerecht, zumal ohne Reparaturen auch die finanzielle Zukunft des Vereins auf dem Spiel steht, weil keine Schauspringen mehr veranstaltet werden können (Z. 21–54).
Beim Ausmalen möglicher Folgen dieses Missstands und der Abwägung der Möglichkeiten wird erwogen, den Steg vielleicht in Eigeninitiative reparieren zu können, wozu Bibrich als gelernter Schreiner seine Hilfe anbietet. Auf die Frage, woher das Material dafür kommen könnte, bringt Zeck einen Holzdiebstahl ins Spiel. Die Gruppe soll den Pionieren das Holz für die Errichtung einer Brücke stehlen und damit den Steg instand setzen, was von den Beteiligten im Laufe des Gesprächs als gerecht empfunden wird. (Z. 81–99).
Dies wird vor allem an der Sprache und des Sprechverhaltens der einzelnen Figuren deutlich. Gleich am Beginn des Gespräches wird klar, dass Zeck es gewohnt ist, dominant aufzutreten und die Gesprächsinitiative zu ergreifen. Mit der Feststellung „Ich höre zu wenig. Wie weit bist du mit deiner Bestimmten?" (Z. 3 f.) möchte er über Fabians Intimitäten Auskunft erhalten und stichelt gegen ihn, weil dieser nichts über sein Liebesleben preisgeben will. Mit der Versicherung, dass sich eine Beziehung zu einer Frau anbahne und diese seine Flamme sei (vgl. Z. 12), versucht Fabian, das Gesprächsthema zu wechseln, doch weiteren spöttischen Bemerkungen seitens Zecks kann er nicht entgehen. Erst als Bibrich aufgrund des schlechten Zustands des Stegs fällt, erhält das Gespräch eine neue Richtung. Die drei Männer beklagen sich über die marode Ausstattung des Schwimmbades und erheben Anklage gegen den Verein und die Stadt, wobei auch deutliche Kraftausdrücke fallen: „Der Verein bringt keinen Steg auf die Welt. [...] Für uns hat er nichts. Das sind doch Hirschen" (Z. 29 f.). Dieser Unmut steigert sich, indem sich die Protagonisten gegenseitig mit ihren Einwürfen anstacheln und bekräftigen. Dabei sind die Redeanteile sehr ausgeglichen (vgl. Z. 30–72). Mit der Behauptung „Nur die Fußballer ziehen das Geld an" (Z. 51), die mit der desillusionierenden Feststellung Fabians „Uns geben die Fußballer nichts" (Z. 52) aufgegriffen wird, tritt das Gefühl der Protagonisten, ungerecht behandelt zu werden, deutlich in den Vordergrund. Wiederum im raschen Wechsel der Redebeiträge rekapitulieren sie nochmals die schlechten Möglichkeiten des Turnvereins sowie die damit verbundenen düsteren Zukunftsaussichten. (vgl. Z. 55–59).
Nachdem ein Streik als Druckmittel auf die Stadt schnell als aussichtslos fallengelassen wird, kommt – initiiert durch Bibrich – die Rede auf eine Reparatur des Stegs. Das fehlende Holz, so deutet es Zeck an, könne man von den mit einem Brückenbau betrauten Pionieren stehlen. Dieser Vorschlag wird sogleich als Mutprobe verstanden (vgl. Z. 81–86). Gemeinsam und wiederum in abwechselnden Gesprächsbeiträgen gehen sie ihr Vorhaben durch und stellen es angesichts ihrer misslichen Lage als gerechte Reaktion dar (vgl. Z. 90–99). Dabei lässt die sprachliche Gestaltung der einzelnen Redebeiträge Rückschlüsse auf die Stimmung und die Handlungsabsichten der Protagonisten zu. So zeigt der an der Mündlichkeit orientierte, teilweise dialektale Sprachgebrauch in Formulierungen wie „Der Verein bringt keinen Steg auf die Welt" (Z. 29) oder „Das ist nicht mehr wie gerecht" (Z. 95), dass hier ein vertrauensvolles Gespräch in einer Männerrunde vorliegt. Im ersten Teil der Unterredung, als Fabians Liebesleben thematisiert wird, nutzt Zeck unter anderem die Exklamation „Unser Wüstling! Hehe!" (Z. 16), um sich über Fabian und seine Unerfahrenheit lustig zu machen. Dessen bereits zuvor in Form einer Ellipse geäußerte Beschwichtigung „Nicht hetzen, Häuptling" (Z. 8), die auch eine Alliteration enthält, soll Zecks Vorstoß ins Leere laufen lassen, doch im wenig später genutzten Aussagesatz „Ich kann verlangen, daß man mich ernst nimmt" (Z. 17 f.) wird deutlich, dass Fabian sich gegen solche intimen Fragen wehrt und sich nicht gleichwertig behandelt fühlt.
Mit Schimpfwörtern und Kraftausdrücken wie „Sausteg" (Z. 28) oder „Hirschen" (Z. 30) machen Zeck, Fabian und Bibrich ihrem Unmut über den Zustand des Bades und die dafür Verantwortlichen weiter Luft. Zudem wird dadurch deutlich, dass die Behandlung der Schwimmer von ihnen als ungerecht und unhaltbar empfunden wird: „Und nur, weil man den Schwimmer bescheißt" (Z. 71 f.)
Insgesamt verfallen die drei Männer bei der Analyse ihrer als hoffnungslos empfundenen Situation in einen Klageton und werden durch kurze Einwürfe in Form von Parataxen oder Ellipsen den anderen zum Stichwortgeber. Auch die Verwendung von rhetorischen Fragen erfüllen diese Funktion: „Seit wann tut das der Stadt weh?" (Z. 62). Als die Idee des Holzdiebstahls aufkommt, wird diese Art der gegenseitigen Bestärkung noch deutlicher, indem bestimmte Wörter des Vorredners in Form von Wiederholungen aufgegriffen werden und dadurch eine Rechtfertigung des illegalen Plans entsteht. Die Redebeiträge „Der Pionier ist im Land! / Der Pionier baut eine Brücke. Die Brücke gibt er der Stadt. Von der Stadt bekommt er das Holz / Die Stadt gibt dem Schwimmer das Holz nicht. / Der Schwimmer nimmt sich das Holz. / Das ist nicht mehr wie gerecht"

(Z. 89–95) können hier als Beispiel dienen. Schließlich machen die vorzufindenden Exklamationen wie „Man muß sich schon traun!" (Z. 84) deutlich, dass der Diebstahl innerhalb der Männerrunde auch als Beweis für Tatkraft und Mut angesehen wird. Die Szene verdeutlicht, dass die Männer des Turnvereins sich nicht in ausreichendem Maß wertgeschätzt fühlen und bereit sind, den empfundenen Missständen durch Eigeninitiative zu begegnen, wobei sie auch vor einer Straftat nicht zurückschrecken. Dieser Diebstahl ist für den weiteren Handlungsverlauf von Bedeutung, weil die Pioniere nach erfolgter Tat herausfinden wollen, wer diese begangen hat. Der Gegensatz zur heimischen Männerwelt wird dadurch ausgeweitet, was die Konkurrenz verschärft.

# Was kannst du schon? – Grammatik

## Seite 49

1 **a + b** den sozialen Medien (Dativ) – einigen Regeln (Dativ) – der wachsenden Zahl an Problemen (Genitiv) – der Internetseite der Initiative „klicksafe" (Dativ) – der finanziellen Unterstützung der EU (Genitiv)

2 (korrekte Formen:) werden – sollte – gehören – betrachtet

3 (korrekte Formen:) solle – würden – könnten – lasse

4 **a + b A** Ein Internetnutzer gibt an, er sei bei Informationen aus dem Netz immer kritisch. (Präsens / Präsens) – **B** Der Experte betonte, es sei wichtig, sich über die Qualität der Internetquellen zu informieren. (Präteritum / Präsens) – **C** Er gibt zu bedenken, die Geschwindigkeit der Entwicklung werde viele überraschen. (Präsens / Futur I)

## Seite 50

5 Inhalt des vierten Gebots der Digitalen Ethik ist es, Mobbing im Netz nicht zuzulassen. Zwar sollte sich jeder, der ein Video in den sozialen Medien veröffentlicht, selbst dessen bewusst sein, dass andere dieses missbrauchen können. Es gehört aber zur Verantwortung aller, sich über Bilder oder Videos anderer nicht lustig zu machen oder diese abwertend zu kommentieren. Außerdem kann man hier auch Charakter zeigen: Wirkliche Freunde zeigen sich gerade beim Mobbing darin, den Opfern zur Seite zu stehen und nicht einfach tatenlos zuzusehen.

6 Urheber von Beleidigungen und Gewaltandrohungen in den Chat-Foren mögen glauben, sie seien anonym. Sie sollten jedoch bedenken, dass solche Äußerungen auch im Netz strafbar sind und sie mit empfindlichen Strafen rechnen müssen. Anders als häufig vermutet, kann die Identität von Userinnen und Usern nämlich verhältnismäßig leicht festgestellt werden.

7 **a–c** Im Internet sollte man nicht jedem vertrauen, **weil** sich dort Identitäten leicht vortäuschen lassen. **Indem** sie mit Hilfe von Fake-Profilen gleiche Interessen und Hobbys vortäuschen, erschleichen sich Kriminelle immer wieder das Vertrauen von Kindern und Jugendlichen. **Sobald** der vermeintliche Freund um intime Fotos bittet, wird es gefährlich, **denn** solche Bilder sind die Grundlage für spätere Erpressungsversuche. **Obwohl** sie seit Jahren vor diesen Praktiken warnt, muss die Polizei immer wieder solchen Fällen nachgehen.

# Rund ums Nomen

## Seite 51

1 **a + b A** in ihrem E-Mail-Account (Dativ) – **B** folgendem (Dativ) – **C** einen Beweis (Akkusativ) – **D** eine Zahlung (Akkusativ) – **E** eines Anrufs (Genitiv)

2 **B** ins Netz / Wohin wird etwas gestellt? → Kasus: Akkusativ – **C** Mit ausgesuchten, oft bearbeiteten Bildern / Mit wem wird versucht, möglichst viele Likes zu erhalten? → Kasus: Dativ – **D** Anstelle der Realität / Anstelle wessen zeigen diese Bilder vor allem Illusionen? → Kasus: Genitiv

## Seite 52

3 **a + b** Viele Schülerinnen und Schüler **machen** irgendwann im Laufe der Schulzeit sowohl positive wie auch negative Erfahrungen in den sozialen Medien. Die Möglichkeit, Informationen schnell an viele Menschen zu senden, **stellt** dabei die Stärke und zugleich Gefahr dieser Medien dar. Der Austausch von kurzen Videos und die Unterhaltungen mit Freunden **sind** ein lustiger Zeitvertreib. Manche Schülerin und mancher Schüler **nutzt** die digitalen Medien aber auch, um mit Lehrkräften in Kontakt zu treten. Nicht nur die Schülerinnen und Schüler, sondern auch die Lehrerschaft **schätzt** diese Möglichkeit immer mehr.

4 **A** sollte – **B** bewerten können – **C** empfindet – **D** müssen – **E** resultieren

# Redewiedergaben richtig formulieren

## Seite 53

1 indirekte Rede, Paraphrase, Zitat: „Ich zocke lieber, statt langweilige Vokabeln zu lernen", gibt Alexa bereitwillig Auskunft. Ihr jüngerer Bruder Nathan gesteht, dass er sich sofort von seiner Matheaufgabe ablenken lässt, wenn sich sein Smartphone meldet. Das Handy wirke wie in die Handfläche eingewachsen, beschreibt die Mutter das Mediennutzungsverhalten ihrer Sprösslinge. Alle Aussagen zitiert der Film „Jugend 3.0 – mit Sicherheit im Netz", den jetzt eine große Krankenkasse vorgestellt hat. Ins Drehbuch eingeflossen ist eine Studie eines namhaften Meinungsforschungsinstituts, für die 1 000 Eltern Auskunft über den Medienkonsum ihrer Kinder im Alter von 12 bis 17 Jahren gaben. Immerhin 50 Prozent der Erziehungsberechtigten glauben, ihre Kinder sind zu oft und zu lange online. 80 Prozent aller Jugendlichen besitzen ein Smartphone, mit dem sie „rund um die Uhr erreichbar sind", wie der Film hervorhebt. Bei 17 Prozent der Jugendlichen vermuten die Eltern Anzeichen für eine Onlinesucht. Die Krankenkassen nehmen das Thema sehr ernst. Während die jungen Menschen sich mit digitalen Medien beschäftigen, bewegen sie sich zu wenig. Darunter leide ihre Gesundheit, bestätigen die Krankenkassen. Unter den Jugendlichen, die besonders häufig online sind, klagen immerhin 20 Prozent: „Ich habe Rückenbeschwerden!" Der Film zeigt auch, dass das Thema Mediennutzung in vielen Familien zu Konflikten führt. „Es gibt einen ständigen Kleinkrieg! Bei den Eltern herrscht ein Gefühl der Hilflosigkeit", hebt der Regisseur hervor. Mit dem Film, der unter anderem bei Youtube zu sehen ist, sollen sich Eltern, Lehrer und Jugendliche eine Meinung zu dem Thema bilden.

2 ●●● Mögliche Erläuterung: Der Artikel besteht zum größten Teil aus der Wiedergabe von Äußerungen, die in der Studie, im Film oder in Kommentaren von Beteiligten getroffen wurden. Damit dies nicht eintönig und langweilig wirkt, wechselt der Text angemessen zwischen den Möglichkeiten, solche Äußerungen wiederzugeben. Auch ist erkennbar, von wem welche Äußerung stammt. Nur an wenigen Stellen werden Fakten (im Indikativ) dargestellt. Da auch diese Fakten vermutlich Ableitungen aus der Studie sind, wäre hier auch indirekte Rede mit Konjunktiv möglich gewesen.

## Seite 54

1 **A** Nico behauptet, ohne Messenger-Apps auf seinem Handy wisse er nicht, wo seine Freunde gerade seien. – **B** Kinderärzte heben hervor, man könne nur wenige Jugendliche nicht zu jeder Tageszeit per Handy erreichen. – **C** Der Filmemacher sagt überrascht, ein Großteil der Jugendlichen schalte das Handy offenbar niemals ab. – **D** Wie sich das Medienverhalten auf die Gesundheit auswirke, werde man bald feststellen, warnt der Kassenchef.

2 **a + b A** Erziehungswissenschaftler fordern, dass man Regeln für die Mediennutzung vereinbaren muss (Indikativ)/müsse (Konjunktiv I). – **B** Therapeuten warnen, dass man die Suchtgefährdung durch medialen Dauerkonsum sehr ernst nehmen muss (Indikativ)/müsse (Konjunktiv I).

3 Mögliche Umformung: Die Krankenkassen informieren, Aufklärung helfe, die Nachteile intensiver Mediennutzung zu erkennen. Sie betonen, dass ein angemessener Ausgleich die Gesundheit erhält/erhalte. Abschließend heben sie hervor, dass Sport, viel Bewegung [...] empfehlenswert sind/seien.

## Seite 55

4 **A** Der Journalist Philipp Sickmann berichtet [...], junge Menschen würden durch die Fußgängerzone laufen und dabei nicht den Blick von ihrem Smartphone lassen. Schülergruppen säßen zusammen und würden gleichzeitig Textnachrichten mit anderen austauschen, die weit weg seien. Schon Kinder würden auf Displays starren. – **B** Er erklärt, das seien heute vertraute Bilder. Smartphone, Tablet & Co. würden Kindheit und Pubertät begleiten. Heutige Kinder und Jugendliche wüchsen/würden als *Digital Natives* [...] in sozialen Netzwerken auf/aufwachsen. – **C** Der Journalist merkt an, Gehirnforscher würden vor digitaler Demenz warnen, aber er fragt, ob die positiven Effekte nicht überwögen/ überwiegen würden.

5 **A** (Satz ist korrekt) – **B** Sie meinen, sie hätten dadurch auch ein besseres Verhältnis zu Familie und Freunden. – **C** (Satz ist korrekt) – **D** Jugendliche erklären, wenn eine Plattform sie verärgere, würden sie in eine andere Community wechseln. – **E** Ein Medienpädagoge meint, die Probleme in der Pubertät seien die gleichen, egal ob on- oder offline.

## Seite 56

6 **A** Bei der gestrigen Pressekonferenz erklärte Frau Prof. Clever, ihr Institut habe in einer Langzeitstudie die Medienkompetenz von Jugendlichen untersucht. – **B** Frau Prof. Clever erklärt bei der gerade laufenden Pressekonferenz, ihr Institut habe in einer Langzeitstudie die Medienkompetenz von Jugendlichen untersucht. – **C** Bei der bald stattfindenden Pressekonferenz wird Frau Prof. Clever erklären, ihr Institut habe in einer Langzeitstudie die Medienkompetenz von Jugendlichen untersucht.

7 **a** **A** „Experimente [...] belegten **(Präteritum)**, wie [...] auswirkt **(Präsens)**. – **B** Zugespitzt kann **(Präsens)** [...] konsumiert **(Präsens)**, wird sich [...] weniger sozial verhalten **(Futur)**. – **C** Es zeigte **(Präteritum)** sich [...], dass sich [...] positiv beeinflussen lassen **(Präsens)**. – **D** Nachdem [...] absolviert hatte **(Plusquamperfekt)**, veränderte sich **(Präteritum)** [...]. – **E** Ob sich diese Effekte [...] bestätigen **(Präsens)**, wird in weiteren Studien untersucht werden **(Futur)**."

**b** Mögliche Wiedergabe in indirekter Rede: **A** Frau Prof. Clever verkündete, Experimente und Interviews ihrer Studie hätten belegt, wie vielfältig sich Gewalt in Medien auswirke. – **B** Zugespitzt könne man sagen: Wer intensiv Gewaltmedien konsumiere, werde sich wahrscheinlich insgesamt weniger sozial verhalten. – **C** Es habe sich aber auch gezeigt, dass sich solche Effekte positiv beeinflussen lassen würden. – **D** Nachdem eine Gruppe Jugendlicher ein fünfwöchiges Medienkompetenztraining absolviert habe, habe sich deren Verhalten signifikant verändert. – **E** Ob sich diese Effekte auch langfristig und wiederholt bestätigen würden, werde in weiteren Studien untersucht werden.

### Seite 57

**1** **a** Richtig sind die Sätze **A** und **D**, falsch sind die Sätze **B**, **C** und **E**.
**b** **B** Er erklärt, was früher [...] gewesen sei, sei heute [...]. – **C** Ohne Mobiltelefone gehe (oder ginge, wenn man diese Aussage als irreale Bedingung einstuft) es [...] nicht, weil [...] Telefonzellen gebe. – **E** In ihrer Schule werde deshalb [...] verboten bleiben. (a = 5 P., b = 3 P.) 8 Punkte

**2** **a** Paraphrase **B** ist formal korrekt und inhaltlich zutreffend. 1 Punkt
**b** Mögliche Begründung: In Satz **A** gibt das Zitat die entsprechende Stelle in der Aussage nicht wörtlich wieder. Auch in Satz **C** ist das Zitat nicht wörtlich (das erste Wort ist anders), zudem die Aussage verzerrt. 2 Punkte
**c** Mögliche Wiedergabe in der indirekten Rede: Vera Thies, Lehrerin, sagt, sie hätten festgestellt, dass Pausen nicht mehr zur Erholung genutzt, sondern Spiele gezockt würden, insbesondere von den jüngeren Schülern. Pausenaktivitäten wie Gespräche, Essen und Toilettengänge würden die Schüler dann im Unterricht nachholen. 3 Punkte

**Insgesamt zu erreichende Punktzahl: 14 Punkte**

## Den Schreibstil verbessern

### Seite 58

**1** **a** (Hauptsatz, **Einschub**, *Nebensatz*): **A** Der nach Verkaufszahlen, **allein in Deutschland über 100 Millionen Alben,** beliebteste Comic ist die französische Serie „Asterix“, **von Autor René Goscinny und Zeichner Albert Uderzo geschaffen,** *dessen Titelheld, der mit seinem Freund Obelix viele Abenteuer erlebt, gleich in mehrfacher Hinsicht nicht dem Idealbild eines Helden entspricht.* – **B** In Bezug auf Obelix muss, neben seinem äußerst korpulenten Erscheinungsbild, vor allem seine körperliche Stärke, **wenngleich ganz unverdient erlangt,** erwähnt werden, *wobei auch seine Begriffsstutzigkeit legendär ist.*
**b** Mögliche Umformulierung: **A** Der nach Verkaufszahlen beliebteste Comic ist die französische Serie „Asterix“, von der allein in Deutschland über 100 Millionen Alben verkauft wurden. Geschaffen wurde sie von Autor René Goscinny und Zeichner Albert Uderzo. Der Titelheld Asterix entspricht gleich in mehrfacher Hinsicht nicht dem Idealbild eines Helden und erlebt mit seinem Freund Obelix viele Abenteuer. – **B** In Bezug auf Obelix muss vor allem seine körperliche Stärke erwähnt werden, wenngleich er diese ganz unverdient erlangt hat. Zudem verfügt er über ein äußerst korpulentes Erscheinungsbild und auch seine Begriffsstutzigkeit ist legendär.

**2** Mögliche Lösung: „Lucky Luke“ ist mit mehr als 30 Millionen verkauften Alben die zweitbeliebteste Comicserie in Deutschland. Den ersten Band veröffentliche Zeichner Morris im Jahr 1946. Lucky Luke ist ein einsamer Cowboy, der stets mit seinem Pferd Jolly Jumper unterwegs ist. Sein Markenzeichen ist neben der Verbrecherjagd die Fähigkeit, den Colt schneller zu ziehen als sein Schatten.

### Seite 59

**3** **a** *(Möglicher Austausch durch Synonym, s. Aufg. 3 b; Tipp: einmal kann das Wort stehen bleiben):* Für die deutschsprachige Comicszene gibt es *(existieren, bestehen)* einige wichtige Festivals. Der positive Trend der Branche spiegelt sich in [...]. Den Comicsalon Erlangen gibt es seit dem Jahr 1984. [...] Inzwischen gibt es *(kommen, präsentieren)* dort [...]. Für den positiven *(einladenden, interessanten)* Eindruck des Festivals [...]. Ein besonders positives *(erfreuliches, vielversprechendes)* Erlebnis für Zeichnende [...]. Alle zwei Jahre im Juni gibt es *(wird ...)* diese wichtigste Auszeichnung [...] *(... verliehen).*
**b + c** Mögliche Synonyme: **A** gibt es: existieren, bestehen, vorkommen, auftreten; (in Bezug auf den Preis) verleihen; (in Bezug auf die Künstler/-innen) kommen, präsentieren – **B** positiv: erfreulich, einladend, günstig, gut, vielversprechend

**4** **a** Zu unterstreichen: „Des Weiteren kann man sagen, dass ...“
**b** Mögliche Überarbeitung: Geschick beim Nähen, Schminken und Frisieren ist gefragt, **weil** Cosplayer eine Verkleidung benötigen, die möglichst exakt mit dem Original der Vorlage übereinstimmt. Das Cosplay ist besonders gelungen, **wenn** die Cosplayerin sich nicht nur äußerlich, sondern auch in ihrem Verhalten ganz der präsentierten Figur anpasst. (Oder: Eine Cosplayerin imitiert ihre Lieblingsfigur, **indem** sie sich nicht nur äußerlich, sondern auch in ihrem Verhalten ganz der präsentierten Figur anpasst.)

## Nebensätze richtig formulieren

### Seite 60

**1** Mögliche Satzgefüge: **A Während** es in den USA, in Belgien oder in Frankreich ein Aufblühen der Comickultur nach dem Zweiten Weltkrieg gab, wurden in Deutschland kaum Comics in der Nachkriegszeit veröffentlicht. – **B Weil** Comics zum großen

Teil aus Bildern bestehen, wurden sie in Deutschland als niveauloser Kinderkram belächelt. – **C** Kinder sollten möglichst wenig Comics lesen, **damit** sie lernen, zusammenhängende Texte zu verstehen.

2 […], ~~wenn~~ nachdem – ~~Falls~~ Weil/Als […] – Erst ~~damit~~ als […]

## Seite 61

3 a + b Zu verbessern sind die Sätze **A** und **B**; **C** ist richtig: **A** Die Wiedervereinigung Deutschlands […], **weil** in der DDR eine viel größere Comicszene als in der BRD vorhanden **war.** **B** Im Osten […], **weil** das DDR-Regine alles Westliche als feindlich ein**stufte** und es von den Bürgerinnen und Bürgern fernhalten **wollte**.

4 **A** denn – **B** Weil – **C** denn – **D** Weil

## Seite 62

5 **a + b** Hauptsatz, Nebensätze mit unterschiedlichen Unterstreichungen:

A Beim Comic muss die/der Zeichnende sich entscheiden, welchen Moment einer Handlung sie/er darstellt, weil, wenn man zeichnet, man nur einzelne stehende Bilder aus einer bewegten Handlung auswählt.

B Man zeichnet nur genauso viele Bilder, dass, wenn man sie hintereinander ansieht, im Kopf der/des Lesenden selbst die Handlung als „Film" entsteht.

C Allerdings ist eine gute Geschichte für einen Comic genauso wichtig wie die pfiffige Zeichnung, weil, falls die Handlung nicht mitreißend ist, es die Lesenden nicht von einem Bild zum nächsten zieht.

6 Richtig formuliert ist Satz **A**.

## Seite 63

1 **A** Carl Komisch berichtet erfreut, dass er sein Hobby zum Beruf gemacht hat/habe und in einem Comicverlag arbeitet/arbeite. – **B** Er beschreibt, dass es seine Aufgabe ist/sei, Comics vor allem über […] zu vermarkten. – **C** Er weist darauf hin, dass niveauvolle Comics eine noch geringere Auflage haben/hätten als […]. – **D** Er betont, dass er diese Comics nicht erfolgreich vermarkten kann/könne, wenn er selbst nicht ehrlich begeistert von ihnen wäre.

2 Mögliche Umformulierung: **Dass** fast alle, die in der Comicbranche tätig sind, schon als Jugendliche begeisterte Comicfans waren, hebt Carl Komisch abschließend hervor. Gleichzeitig stellt er aber richtig, **dass** es nicht ausreiche, Comicfan zu sein, um in der Branche erfolgreich zu sein. Carl Komisch dämpft zu große Hoffnungen mit seiner Aussage, **dass** nur ein verschwindender Teil der Comicfans das Hobby zum Beruf machen könne.

## Seite 64

1 **A** Seine Empfehlung lautet, Comics mit mehr Größenwahn und mehr Hollywood auszustatten. – **B** Er verrät, besonders auf das richtige Timing zu achten. – **C** Mawil nennt als bewährten Trick, Zeitraffer und Pausen […] bewusst einzusetzen.

2 **a + b** Seine Eigenart, Geschichten über liebenswerte Verlierer zu erzählen, brachte Mawil die Bezeichnung „Woody Allen des deutschen Comics" ein. Dabei spielte vielleicht auch die Äußerlichkeit, wie Woody Allen eine Brille zu tragen, eine Rolle. Tatsächlich hat Mawil Spaß daran, eigene Schwächen aufzugreifen. Anstatt sein „Schtttotttern" zu verheimlichen, hat er über die Probleme als Kind und den Besuch einer Sprachheilschule einen Comic gezeichnet. Er scheute sich auch nicht, selbstironisch die Zeiten von Liebeskummer oder das Leben als Zeichner zu dokumentieren. Seine Kindheit in Ost-Berlin hatte für Mawil die Folge, den Mauerfall als 13-Jähriger mitzuerleben. Ohne exakt autobiografisch zu erzählen, basiert sein neues Buch „Kinderland" auf Mawils eigener DDR-Jugend.

3 Richtig sind die Regeln **A** und **C**.

## Seite 65

1 Markus Witzel hat einen Comic über Mirco Watzke geschrieben, der wie der Autor leidenschaftlich Tischtennis spielt. Eine weitere Gemeinsamkeit, die Autor und Protagonist verbindet, ist der Ablauf des ersten Westbesuchs nach dem Mauerfall: Beide Jungen, welche 1989 als Siebtklässler in Ost-Berlin leben, kaufen sich im Westen als Erstes einen Tischtennisschläger. Über 30 Seiten dieses umfangreichen Comicbuches, an dem der Zeichner sechs Jahre lang gearbeitet hat, widmen sich einem einzigen Tischtennismatch. Dank seiner Tischtennisbegabung kann Mirco, der die „Angabe des Todes" beherrscht, sich als schüchterner Brillenträger Respekt verschaffen. Mircos Kinderland, dessen Alltag auch von Pionierversammlungen und linientreuen Russischlehrerinnen geprägt wird, gibt es nach dem Ende der DDR nicht mehr.

2 Der neue Mitschüler, mit **dem** Mirco schließlich als Doppelpartner spielt, ist […]. Gegen den Widerstand der Lehrerin, für **die** der Tischtennissport nicht förderungswürdig ist, planen […], bei **dem** Mirco und Torsten siegen wollen. Zu Mircos Schulkameradinnen zählt die ehrgeizige Schülerin Angela, hinter **der** die Lesenden […] vermuten dürfen.

3 dessen – deren – deren – deren

## Seite 66

1 Richtig sind die Aussagen **B** und **E**. Falsch sind **A**, **C** und **D**. 5 Punkte

2 Folge: **A** – Ziel/Absicht: **B** – Begründung: **C** – Bedingung: **D** 4 Punkte

3 [...] in St. Pauli auf, während überall in Deutschland [...]. Die Väter, falls sie wieder auftauchen, sind oft kriegsgeschädigt, was sie [...]. Die Last, zwischen zerbombten Gebäuden und zerstörten Familien aufzuwachsen, bedeutet für Kalle [...]: [...] entdecken, ohne von den üblichen bürgerlichen Moralvorstellungen umgeben zu sein, die erste Liebe und andere Abenteuer. 8 Punkte

**Insgesamt zu erreichende Punktzahl:** **17 Punkte**

# Was kannst du schon? – Rechtschreibung

## Seite 67

1 **A** viel Interessantes | **B** vom Hin und Her | **C** das Überraschende, das Vorkommen | **D** das Trainieren | **E** beim Vortragen, ausdrucksvolles Sprechen *14 Punkte*

2 r/Rechtschreiben | ein m/Muss für j/Jung und a/Alt | g/Geschriebenem | m/Mal | j/Jemandem | a/Angst und b/Bange werden | u/Unsicher | bis auf w/Weiteres | r/Reformierten | über k/Kurz oder l/Lang *14 Punkte*

3 **A** am kommenden Montag | **B** vor einiger Zeit | **C** Samstagnacht | **D** jeden Dienstag | **E** heute Morgen | **F** am gestrigen Abend | **G** immer freitags *7 Punkte*

## Seite 68

4 in Deutschland, Österreich und der Schweiz | in allen anderen deutschsprachigen Teilen Europas | Rat für deutsche Rechtschreibung | Beschluss der Ständigen Konferenz der Kultusminister der Länder in der Bundesrepublik Deutschland | deutschen Schulen | Schweizer und liechtensteinischen Schulen *6 Punkte*

5 Zusammengeschrieben werden: schwerfällt, abhandenkommt, weiterführen *3 Punkte*

6 **A** zerlegen + verlängern (st**e**hen, silbenöffnendes h an der Silbengrenze) = Stehvermögen | **B** ableiten (gl**au**ben) = Gläubiger | **C** zerlegen + ableiten (En**d**e) = endgültig *8 Punkte*

# Groß- und Kleinschreibung

## Seite 69

1 Nominalisierungen, (eingefügte Nomensignale): mangelndes Benehmen; (leises) Husten, (lautes) Knistern, (heimliches) Flüstern; etwas Störendem; den Zuschauenden; durch Kombinieren; jeden Einzelnen; ein konzentriertes Wahrnehmen; (das) Telefonieren und lautes Sprechen; das Texten und (das) Fotografieren; ausdrückliches Ausweisen von Tweet Seats; ausgiebiges Twittern

2 *Nominalisierungen*, **Denominalisierungen**: So etwas habe ich **zeit** meines [...]: [...] ein Jugendlicher zum *Aufladen* seines Smartphones [...]. Erst war Totenstille, dann lachte *Groß und Klein* gleichermaßen laut los. [...] Das war wirklich das *Letzte!* Aber [...] nicht im *Geringsten* peinlich. Wer ist eigentlich **schuld** an solchem Fehlverhalten? Diejenigen Eltern, denen alles **recht** ist, solange [...]? Oder [...], die das *Besuchen* eines Theaters zu selten veranlassen? [...]. Ich bin es **leid!** [...] Da wird es jedem Theaterfan **angst und bange** ... *(Hinweis: Angst und Bange machen, aber: angst und bange werden/sein)*

## Seite 70

3 **a + b A** mittags – Adverb, **M**ittwochmittag – Nomen, Zusammensetzung | **B n**achmittags – Adverb, **S**amstag – Nomen | **C A**bend – Nomen | **D D**onnerstagfrüh – Nomen, Zusammensetzung, **s**pätabends – Adverb | **E f**rüh, **ü**bermorgen – Adverbien | **F F**reitagabend – Nomen, Zusammensetzung | **G M**itternacht – Nomen

## Seite 71

4 Martin Luther – 1, Katharina von Bora – 2, Wittenberger Schlosskirche – 3, römisch-katholischen Kirche – 4, die Evangelische Kirche Deutschland – 2, bundesweiten – 4, ökumenischen – 4

**5** **A** 2016/2017: Luther-Ausstellungen in den Vereinigten Staaten von Amerika | **B** Im Wittenberger Lutherhaus befinden sich Schätze von welthistorischer Bedeutung, z. B. die 500 Jahre alte Mönchskutte Martin Luthers | **C** Zum Jubiläum: Sanierung und Neugestaltung des Lutherhauses | **D** Über 500 Exponate reisen in der Zeit in die USA | **E** Waffen aus der Berliner Zeughaus-Sammlung ergänzen Ausstellungsstücke | **F** Organisation: Landesmuseum für Vorgeschichte in Halle, die Stiftung Luthergedenkstätten in Sachsen-Anhalt, das Deutsche Historische Museum Berlin und die Stiftung Schloss Friedenstein Gotha

**6** Die von geografischen Namen abgeleiteten Wörter auf *-er* schreibt man immer groß.
Anzahl: 2 (Wittenberger, Berliner)

### Seite 72

**1** Nominalisierungen nennt man Wörter anderer Wortarten, die im Satz als Nomen/Substantiv gebraucht werden. Man schreibt sie groß. **A** Artikel | **B** Pronomen | **C** Adjektiv | **D** Präposition *6 Punkte*

**2** **A** paar | **B** Paar | **C** pleite | **D** Pleite *4 Punkte*

**3** **A** Nomen, Beispiel: am Morgen | **B** Adverbien, Beispiele: morgens, werktags | **C** klein, groß, Beispiel: gestern Abend, übermorgen Vormittag *9 Punkte*

**4** die griechische Insel, die Nürnberger Innenstadt, die mexikanische Regierung, das Passauer Landgericht, die Deutsche Nationalbibliothek, Schweizer Raclette *6 Punkte*

**Insgesamt zu erreichende Punktzahl:** **25 Punkte**

## Getrennt- und Zusammenschreibung

### Seite 73

**1** Vokabellernen, Gedichtaufsagen, Gehirn funktioniert, Lernerfolge steigern, Frage stellen, Textabschreiben, Lerninhalte aufschreibt, Texterfassen, Hand schreiben, Bewegung helfen, Fahrradfahren

**2** **A** wunschgemäß, **B** verhandlungsbereit, **C** erwartungsvoll, **D** gesundheitsschädlich, **E** teamfähig

### Seite 74

**3** a Getrennt schreibt man immer: glücklich sein, scharf einstellen, grün anstreichen, optimal einstellen
b Mögliche Lösung:
Kannst du die Aufgabe alleine fertig machen. / Der Streit hat mich völlig fertiggemacht.
Kannst du mir einen Platz freihalten? / Sie konnte ihre einstündige Rede frei halten.

**4** a + b Mögliche Verbindungen: vormachen – vorschreiben – vorsprechen – nachgeben – nachfragen – nachsprechen – überlegen – überhören – unterlaufen – unterschreiben – hintergehen – hinterlegen – mitdenken – mitmachen – beikommen – beilegen – durchdenken – durchlaufen – aufhören – aufnehmen – abführen – absehen
b Mögliche Sätze mit trennbaren Verben: Der Lehrer **macht** die neue Übung **vor**. – Manche Schüler **fragen nach**. – Das Gehirn **nimmt** viele Informationen **auf**. – Jakob **spricht** den Text **nach**.
c Mögliche Sätze mit nicht trennbaren Verben: Lea **überlegt,** was sie tun soll. Herr Tischer **überhört** die Bemerkung. David **unterläuft** die Vereinbarung. Frau Schuster **unterschreibt** das Zeugnis. Sonja **hintergeht** ihre Freundin. Edgar **hinterlegt** einen Zettel. Jens **durchdenkt** die Aufgabe. Mona **durchläuft** die Prüfung.

### Seite 75

**5** a + b Zusammen schreibt man: herausgefunden, wiederholen, vorausschickt, herumspringen. – Getrennt schreibt man (Erweiterungsprobe): zusammen (etwas) geschrieben, dabei (auf beiden Beinen) stehen.

**6** **A** [...] Lerninhalte in Mind-Maps zusammenzustellen. – **B** [...] neue Lerninhalte in geeigneten Abständen zu wiederholen. – **C** [...] die Lernintervalle vor Klausuren vorauszuplanen. – **D** [...] Aufgaben zusammen (mit anderen) zu bearbeiten. – **E** [...] ist es wichtig, miteinander (über alles) zu sprechen.

### Seite 76

**7** Positronen-Emissions-Tomografie, gelb-orangefarbenen, visuell-orientierten, auditiv-orientierten, Lese-Rechtschreib-Schwäche

**8** Berg-und-Tal-Fahrt / Social-brain-Forschung / Stand-by-Modus / Struktur-Lege-Technik

## Seite 77

**1** **A** falsch macht, sitzenbleiben – **B** Eiskunstlaufen – **C** leichtfallen – **D** Auswendiglernen, Mühe bereiten – **E** überdenken – **F** zusammentragen – **G** weiterbringen — 8 Punkte

**2** **a** näherzubringen – gehirngerechten – voranbringen – schätzen lernen – wiederzugeben – recht behalten – schwerfallen — 7 Punkte

**b** PIM-Institut (Z. 2) – Multimedia-System (Z. 3) — 2 Punkte

**Insgesamt zu erreichende Punktzahl:** — **17 Punkte**

# Strategien zur Vermeidung von Rechtschreibfehlern

## Seite 78

**1** kämmen – Gebäude (bauen) – bereuen – gefährlich (Gefahr) – Leute – häufig – auswendig – einbläuen (blau)

**2** **a** Stammprinzip: **B** → Lo**h**n, lo**h**nenswert – **C** → Na**h**rung, na**h**rhaft
**b** **D** Dreh | tür → dre-hen – **E** Droh | gebärde → dro-hen

**3** Standard → standar**d**isiert – Betrieb → Betrie**b**e – empfindlich → empfin**d**en – Korb | tasche → Kör**b**e – un | end | lich → En**d**e – lenk | bar → len**k**en – un | erträg | lich → ertra**g**en

## Seite 79

**4** **a + b** besten – ums Schreiben – viel Aufheben – drei Viertel – etwas Nachdenken – einen oder anderen – nichts Gutes – Mangelhaftes Rechtschreiben – kurz oder lang – kein Einsehen

**5** **A** Ableitungsprobe: vielfältig (Vielfalt), prächtig (Pracht), selbstverständlich (Verstand), fiel (fallen) – **B** Verlängerungsprobe: verbindlich (Verbindung), Standardsprache (standardisieren), nötig (nötiger) – **C** Artikelprobe: (das) Sprechen und Schreiben, im Deutschen, Zum Schaffen, Das Veröffentlichen, im Interesse

## Seite 80

**1** Im ersten Nebensatz ist „das" ein Relativpronomen, das durch „welches" ersetzt werden kann. Im zweiten Nebensatz leitet die Konjunktion „dass" einen Satz ein, der auf „Wen oder was?" antwortet.

**2** **a** **C** Ein Anschreiben, welches Rechtschreibfehler enthält, [...]
**b** **A** dass – **B** dass

**3** **A** dass, **B** dass, **C** das, **D** dass, **E** dass, **F** das, **G** dass

## Seite 81

**1** **a + b** (korrekt geschriebene Fremdwörter): **A** Akustik: Lehre vom Schall, den Tönen – **B** Algorithmus: Rechenvorgang, der nach einem bestimmten Schema abläuft – **C** Alliierte: Verbündete in Kriegssituationen – **D** Chemikalie: industriell hergestellter chemischer Stoff – **E** Emission: Ausgabe von Wertpapieren, Ausströmen luftverunreinigender Stoffe – **F** Hypotenuse: längste Seite eines rechtwinkligen Dreiecks – **G** Pogrom: gewaltsame Ausschreitung, z. B. gegen Juden – **H** Reflexion: Zurückwerfen von Wellen bzw. Strahlung, prüfendes und vergleichendes Nachdenken – **I** Ressourcen: Bestand, der z. B. zur Ernährung von Menschen oder wirtschaftlicher Produktion genutzt wird – **J** Rhythmus: zeitliche Gliederung des melodischen Flusses oder Sprachablaufs – **K** symmetrisch: auf beiden Seiten einer (gedachten) Achse ein Spiegelbild ergebend

**2** **A** Chemie, Biologie – **B** Musik – **C** Mathematik – **D** Geschichte – **E** Chemie – **F** Wirtschaft, Erdkunde, Chemie – **G** Mathematik, Physik – **H** Geschichte – **I** Physik, Philosophie (weitere Fächer möglich) – **J** Wirtschaft, Erdkunde – **K** Musik, Deutsch – **L** Physik, Mathematik, Deutsch

**3** **A** Geografie, **B** Exposee, **C** –, **D** –, **E** essenziell, **F** Mikrofon

## Seite 82

**1** Das Kommunizieren, verbindlich, behände, Kenntnis, vielfältiger, endgültig, Allgemeinen, Positives, Unwägbarkeiten, schwarzmalen — 10 Punkte

**2** **A** dass – **B** dass – **C** das – **D** dass – **E** dass — 5 Punkte

**3** Verbesserung der 5 falsch geschriebenen Wörter: rhetorische Frage, Pointe, Gotik, Etymologie, Ellipse — 5 Punkte

**Insgesamt zu erreichende Punktzahl:** — **20 Punkte**

# Texte überarbeiten: Zeichensetzung

## Seite 83

1 **a + b** Porträts [...] Funktionen, **[Hauptsatz, Nebensatz]** die wesentlich von ihren Gebrauchskontexten abhängen. Diese [...] bestimmt, **[Hauptsatz, Hauptsatz]** sie sind also mit der Erinnerung an einen individuellen Menschen gebunden, **[Hauptsatz, Nebensatz]** der durch seinen sozialen Rang, seine Persönlichkeit oder seine besonderen Taten bildniswürdig ist. In der Politik [...] staatliches Symbol gebraucht, **[Hauptsatz, Hauptsatz]** es ziert [...]. In der bürgerlichen Briefkultur [...] dienten Porträts, die einem Schreiben beigelegt wurden, **[in einen Hauptsatz eingefügter Nebensatz]** zur Festigung der Beziehungen.

2 **a + b** (, f) = falsch gesetztes Komma: Selfies sind [...] aufgenommene Selbstporträts, sie werden**(, f)** vor allem über soziale Netzwerke verbreitet. Mit der [...] begann ein wahrer Handyfoto-Boom, **(Komma vor „und" darf entfallen)** und das „Selfie" zog in den allgemeinen Sprachgebrauch ein. Das Oxford English Dictionary**(, f)** wählte den Begriff 2013 zum Wort des Jahres. Selfies werden bei jeder Gelegenheit geschossen, ob es vor Sehenswürdigkeiten**(, f)** oder beim Feiern mit Freunden ist, auch**(, f)** Prominente machen mit. Jedes fünfte Selfie entsteht Umfragen zufolge in einer Gruppe, bekannt sind [...] nach einem Sieg. Es scheint, als gebe es kaum noch jemanden, der**(, f)** kein Selbstbild [...] postet.

## Seite 84

1 (, f) = falsch gesetztes Komma: „Und wo wart ihr heute Morgen, **um** zu frühstücken?", fragt Paul [...]. **Dazu** postet er ein Selbstporträt, **um** seinen Meerblick [...] zu demonstrieren. „Das Posten [...] dient leider nicht nur**(, f)** dazu, Urlaubsgrüße [...] zu verschicken", lautet [...]. „[...] denn manche**(, f)** geben sogar ihren Klarnamen preis, **statt** persönliche Daten zu verheimlichen. „Natürlich nutzen Einbrecher soziale Netzwerke, **um** Opfer auszuspähen", sagt ein ehemaliger Täter. Mittlerweile**(, f)** hält er Vorträge, um Verhaltensweisen [...] zu erläutern. **Anstatt(, f)** wie früher [...] zu schleichen und auf [...], kundschaften die Kriminellen [...] aus. **Ohne** über mögliche Folgen**(, f)** nachzudenken, weisen nicht wenige automatische Antworten [...] auf verlassene Wohnungen hin. **Um** solch unbedarfte Nutzer**(, f)** mit einem Augenzwinkern aufzuklären, hat die Polizei [...].

2 Es muss ein Komma stehen, da die Infinitivkonstruktion von einem hinweisenden Wort abhängt („es").

3 Infolge einer massiven Einbruchsserie begann die Polizei damit, intensiv zu warnen.
→ Die Polizei begann mit dem Warnen (z. B. für erhöhte Aufmerksamkeit).
Infolge einer massiven Einbruchsserie begann die Polizei, damit intensiv zu warnen.
→ Die Polizei begann mit der Einbruchsserie zu warnen.

## Seite 85

1 **a + b** (einleitende Wörter) Immer mehr Jugendliche, vor allem Hasardeure, klettern ungesichert auf Wolkenkratzer oder surfen auf fahrenden Zügen, für ein vermeintlich cooles Selfie. Das russische Innenministerium trug eine schockierende Bilanz vor: Seit Jahresbeginn 2015, d. h. von Januar bis Juli, sind in dem Land zehn Menschen bei dem Versuch gestorben, ein „cooles" Selfie, also ein Foto von sich selbst, in einer gefährlichen Situation zu machen. Mindestens weitere 100 Abenteuersüchtige wurden verletzt, und zwar in erheblichem Umfang. Das Innenministerium will dem tödlichen Trend jetzt entgegenwirken, nämlich mit der Broschüre „Sichere Selfies". „Ein cooles Selfie kann dich dein Leben kosten", heißt es da. Piktogramme von Grafikern zeigen zahlreiche Situationen, teils absurd gefährlich, in denen man auf keinen Fall auch nur an ein Selfie denken sollte.

2 **A** nachgestellte Erläuterung – **B** nachgestellte Erläuterung, eingeleitet mit „und zwar" – **C** Apposition – **D** nachgestellte Erläuterung – **E** Apposition und vorangestellte Erläuterung

## Seite 86

1 **A** [...] zu vervielfältigen, zu verbreiten und öffentlich wiederzugeben." [Verbesserung: ".] Klärend heißt es weiter, dass dies jedoch bei Bauwerken nur für „die äußere Ansicht" gilt. – **B** Laut Paragraf 59 des Urheberrechtsgesetzes (UrhG) ist es nicht untersagt, bleibende „Werke an öffentlichen Wegen, Straßen oder Plätzen, durch [Verbesserung: Plätzen durch ...] Lichtbild oder durch Film zu vervielfältigen, zu verbreiten und öffentlich wiederzugeben". Klärend heißt es weiter, dass dies jedoch bei Bauwerken „nur für die äußere Ansicht" gilt [Verbesserung: nur für „die äußere Ansicht" gilt].

2 Schlagzeilen wie **„**Verwertung bleibt legal**"** oder **„**EU-Parlament zu Panoramafreiheit: Klicken und Posten – kein Problem**"** oder **„**Selfies vor öffentlichen Gebäuden bleiben erlaubt**"** kursierten im Juli 2015. Entscheidungen trifft die EU-Kommission. „Und die**"**, verspricht EU-Kommissar Oettinger, **„**hat nicht vor, die Panoramafreiheit einzuschränken: Was man als Bürger auf öffentlichen Plätzen und Straßen in Europa sehen darf, sollte man auch mit der Kamera fotografieren dürfen." Aber: Panoramafreiheit gilt nicht überall. Mancherorts können historische Bauwerke abgelichtet werden, moderne Kunst nicht. **„**Sollte die Panoramafreiheit beschränkt werden, wäre Wikipedia massiv davon betroffen**"**, schreibt Jimmy Wales in der britischen Tageszeitung „The Guardian". Und weiter: **„**Hunderttausende Bilder auf Wikipedia wären Gegenstand dieser Urheberrechtsrestriktionen und der Gefahr ausgesetzt, entfernt zu werden.**"**

## Seite 87

1 Das Gesicht, eines der wichtigsten biometrischen Merkmale des Menschen, steht im Fokus der Identifizierungsmöglichkeiten. Gesichtserkennung meint die Analyse der Ausprägung sichtbarer Merkmale im vorderen Bereich des Kopfes, also die geometrische Anordnung und Eigenschaften der Oberfläche. Fachleute unterscheiden zwischen der Erkennung eines Gesichts im Bild und dessen Zuordnung zu einer bestimmten Person: Im ersten Fall wird geprüft, ob und wo ein Gesicht zu sehen ist, im zweiten, um wen es sich handelt. Im englischen Sprachraum wird bei einer Gesichtserkennung durch Menschen von *face perception* gesprochen, eine Gesichtserkennung durch Maschinen wird als *face recognition* bezeichnet. Es ist möglich, Überwachungskameras im öffentlichen Raum mit Systemen der Gesichtserkennung auszustatten. — 8 Punkte

2 Selbst, (2) wer [...] präsentiert, (1) hat [...] auf Nicht-Erkennen. [...] Algorithmus, (1) der Menschen [...] erkennen kann, (1) wenn [...]. [...] demnach Eigenschaften, (1) z. B. [...] Körperhaltung, (1) um eine Person zu identifizieren. In den USA, (2) und [...] der klassischen Gesichtserkennung ein, (1) aber in Deutschland [...]. — 8 Punkte

3 (, f) = falsch gesetzte Zeichen: „Bei der Bilderkennung sollen heute nicht nur Gesichter, sondern viele verschiedene Dinge erkannt werden**(. f)**", erklärt Prof. Ortwin Kox vom Lehrstuhl für Bildverarbeitung der Universität Herfurt **(..." f)**. Die Algorithmen würden zwar mit Millionen von Einzelbildern trainiert und verbesserten sich stetig, doch Fehler ließen sich bei dieser „komplizierten Aufgabe" nicht ausschließen **(..." f)**. „Denn", so Kox, „nach wie vor verstehen Computer die Welt bei Weitem nicht so gut wie Menschen." (3 P. für entfallene Zeichen, 2 P. für richtig gesetzte Zeichen) — 5 Punkte

**Insgesamt zu erreichende Punktzahl:** — **21 Punkte**

# Teste deinen Lernstand!

## Seite 90

1 Antwort **D** ist richtig. — 1 Punkt

2 Richtig sind die Aussagen **B**, **C**, **E**, **F** und **I**. Falsch sind **A**, **D** und **G**. Nicht im Text enthalten sind **H** und **J**. — 10 Punkte

3 Antwort **B** ist richtig. — 1 Punkt

4 Zutreffend ist Beitrag **A**. Mögliche Begründung: Weil der Ich-Erzähler während des Redens ständig reflektiert, wie gelingende Kommunikation mit dem anderen Geschlecht funktioniert (sein Ziel), kann er nicht mehr frei und ungezwungen kommunizieren und wirkt seltsam. — 2 Punkte

## Seite 92

5 falsche kommunikative ~~Erfahrungen~~ Strategien nutzen – dass ~~Männer Frauen~~ Frauen Männern nicht – missverstandener ~~Ehrlichkeit~~ Höflichkeit lassen – dazu, ~~positive~~ abweisende Reaktionen – unverfänglichen ~~Sondersituationen~~ Haltestellenübungen zu — 5 Punkte

6 Die richtige Antwort lautet **C**. — 1 Punkt

7 **Textstelle(n) 1:** Interview: Frauen sagen nicht die Wahrheit, wenn sie erkennen, dass es nicht der Richtige ist. (Z. 14 ff.). – Roman: Beide Mädchen sagen nicht die Wahrheit, als sie sich vom Ich-Erzähler abwenden. (Z. 28–34, Z. 62) / **Textstelle(n) 2:** Interview: Männer reden aus Unsicherheit zu viel und endlos über ihren Job. (Z. 27 f.) – Roman: Der Ich-Erzähler redet aus Unsicherheit endlos über sein Hobby. (Z. 40–59) / **Textstelle(n) 3:** Interview: Männer bekommen Körbe. (Z. 29) – Roman: Der Ich-Erzähler wird beim Flirten zweimal abgelehnt. (Z. 28–34, Z. 62–65) / **Textstelle(n) 4:** Interview: Für Männer ist Rotwerden ein Problem. (Z. 35 f.) – Roman: Der Ich-Erzähler sorgt sich ums Rotwerden. (Z. 10 f., Z. 22 f., Z. 27) — 8 Punkte

8 Die richtige Antwort lautet **C**. — 1 Punkt

## Seite 93

9 Richtig sind die Aussagen **A** und **B**. Falsch sind **D** und **E**. Aus dem Diagramm nicht ableitbar sind **C** und **F**. — 6 Punkte

10 Aussage in der Grafik: Frauen geben an, dass 60 % der Männer (Männer, dass 51 % der Männer) gern die Gesprächsführung übernehmen. | Romaninhalt: Ich-Erzähler redet pausenlos auf Hanna ein (Z. 81–93). — 2 Punkte

## Seite 94

**11** Mögliche Umformulierungen: **A** Im Zeitalter der Globalisierung ist die Verständigung zwischen Menschen aus verschiedenen Kulturen wichtiger denn je. **Da** es in internationalen Geschäftsbeziehungen besonders darauf ankommt, die Körpersprache des Gegenübers zu verstehen und angemessen darauf zu reagieren, spielen unbewusst eingesetzte Gesten eine besondere Rolle. **B** Menschen neigen dazu, eigene kulturelle Normen auf andere zu übertragen. **Deshalb** sollten nicht nur Geschäftsleute, sondern auch Touristen Kommunikationsprobleme vermeiden, damit keine Missverständnisse aufkommen. 4 Punkte

**12** intime Gefühle, **A** – asiatischer Herkunft, **G** – ihrem Gegenüber, **D** 6 Punkte

**13** spielen – setzt – kann 3 Punkte

**14** **A** sei | **B** erfahre | **C** gelte, senke, sähen 4 Punkte

## Seite 95

**15** **A** In westlichen Kulturen wird ein [...] als vertrauensbildend empfunden. **B** Die Vermeidung des direkten Blicks nimmt man dort als Signal von Unehrlichkeit wahr. 2 Punkte

**16** G = Großschreibung, N = Nomensignal, ZG = Zusammen-/Getrenntschreibung, d/d = das-/dass-Schreibung: untereinander (Z. 1, ZG: Präposition + Pronomen), Einheimischer (Z. 2, G: Nomen), Das (Z. 2, d/d: Pronomen), Begrüßen (Z. 3, G: nominalisiertes Verb, N: Präposition), Verbeugen (Z. 5, G: nominalisiertes Verb, N: Artikel), dass (Z. 7, d/d: Konjunktion), das (Z. 8, d/d: bestimmter Artikel), Angemessene (Z. 8, G: nominalisiertes Adjektiv, N: bestimmter Artikel), entgegenkommen (Z. 9, ZG: Präposition + Verb), Sprechen (Z. 11, G: nominalisiertes Verb, N: Präposition), einander annähern (Z. 11 f., ZG: Pronomen + Verb), anzufassen (Z. 12, ZG: Verb), dass (Z. 13, d/d: Konjunktion), Vertrauten (Z. 14, G: nominalisiertes Adjektiv, N: Präposition) 7 Punkte

**17** Groß-/Kleinschreibung, Zusammen-/Getrenntschreibung, *das-/dass*-Schreibung 3 Punkte

**Insgesamt zu erreichende Punktzahl:** **66 Punkte**

Mutter**sprache** *plus*
**5** Arbeitsheft

Lösungen

## Seite 4

**1** **a** Mögliche Lösung:

Liebe Ida, liebe Marie,
zu meinem Geburtstag an diesem Samstag möchte ich euch ins Kino am Marktplatz einladen. Den Film verrate ich noch nicht! Wir treffen uns um 15.30 Uhr am Kinoeingang.
Bitte gebt mir bald Bescheid, ob ihr kommt!
Ich freue mich schon! ☺
Eure Lena

**b** Mögliche Lösung:

Liebe Lena, liebe Ida,
ich kann am Samstag erst um 18.00 Uhr am Kino sein, weil ich vorher noch ein Hockeyspiel habe (Endspiel!). Können wir nicht in eine spätere Vorstellung gehen? Ich würde so gerne mitkommen! ☹

## Seite 5

**1** **a** Angemessener ist die Anredeformel „Sehr geehrte Frau Mader“, da Frau Mader gesiezt werden sollte.

**b** Liebe Frau Mader,
ich schreibe dir als Klassensprecher der Klasse 5b der Führmannschule.
Wir sind 12 Mädchen und 15 Jungs und möchten gern in deine Biologiestation kommen. Unser Terminvorschlag ist Mittwoch, der 13. Mai, von 10.15 Uhr bis 11.45 Uhr. Wir kommen mit unserem Klassenlehrer Herrn Schmittke.
Bitte gib uns Bescheid, ob der Termin klappt.
Viele Grüße

**c** Mögliche Lösung:

Betreff: Besuch der Biologiestation 13.5. ab 10.15 Uhr?

Sehr geehrte Frau Mader,
am 13. Mai von 10.15 bis 11.45 Uhr würden wir sehr gerne Ihre Biologiestation besuchen.
Wir sind 27 Mädchen und Jungen der Klasse 5b der Führmannschule. Unser Klassenlehrer Herr Schmittke würde uns begleiten. Über Ihre baldige Antwort freuen wir uns.
Vielen Dank und mit freundlichen Grüßen
Leo (Klassensprecher der 5b, Führmannschule)

## Seite 6

**1** **c** Mögliche Lösung:

*Dingle, 18.07.2019*

*Liebe Oma,*
*herzliche Grüße von der Westküste Irlands! Hier ist das Meer ganz schön wild und es regnet jeden Tag. Trotzdem haben wir eine Bootsfahrt gemacht und den berühmten Delfin Fungie gesehen.*
*Das war ganz toll!*
*Bis bald, dein Leo*

*An*
*Luise Meyer*
*Müllerstraße 3*
*98765 Schreinersdorf*

## Seite 8

**1** **b** Diese Wörter und Wortgruppieren belegen, wie Max sich fühlt: ganz schlecht (Z. 1), hatte mich gewundert (Z. 6), ich schlich (Z. 11), noch schlimmer (Z. 12), wie vernagelt (Z. 19), nicht viel besser (Z. 21), froh (Z. 22), fanden das genauso gemein wie ich (Z. 29), rannte nach Hause (Z. 34).

**c** Mögliche Lösung:
Max fühlt sich schlecht: Es ist ihm peinlich, dass er verschlafen hat, seine Lehrerin führt ihn deswegen vor und der gemeinste Junge der Klasse ärgert ihn vor allen anderen. Nur Moritz, der Schwächste in der Klasse, setzt sich für ihn ein. All das ist so frustrierend, dass Max nach Schulschluss schnell nach Hause rennt.

**d** Mögliche Lösung:
Max weiß, dass sein Vater viel Arbeit mit der Apotheke hat und sich allein um ihn kümmern muss. Er will nicht, dass sein Vater sich um ihn sorgt. Außerdem schämt er sich vielleicht, dass er sich gegen den starken Robert nicht gewehrt hat.

## Seite 9

**2** **a** Mögliche Lösung:
Moritz sieht, wie Max zu spät in Klasse kommt, Maier-Steinfeld macht Spruch und alle lachen, ist Max bestimmt peinlich, Lehrerin holt ihn dann auch noch an die Tafel, armer Kerl, nach der Stunde Robert gemein zu Max, alle zu feige, was dagegen zu sagen, nur ich trau mich, glücklicherweise hört Robert auf, eigentlich wollte ich Max noch was Nettes sagen, der rennt aber weg.

**b bis d** Mögliche Lösung:
Am Montagmorgen kam Max zu spät zur Schule, weil er die Zeitumstellung nicht beachtet hatte. Wir hatten gerade eine Doppelstunde Mathe bei Frau Maier-Steinfeld, die ihm prompt einen Spruch machte und ihn dann auch noch an die Tafel holte. Das war dem Max bestimmt sehr peinlich. Kenn ich ja auch, solche Situationen! Nach der Stunde war der Robert Steinheuer auch noch gemein zu Max und stülpte ihm eine Tüte über den Kopf. Dann faselte er noch etwas von „Schlafmütze des Monats" und einige aus der Klasse lachten. Von denen, die nicht lachten, traute sich aber keiner, etwas dagegen zu sagen. Da dachte ich mir so, jetzt musst du aber mal was sagen. Oft genug bekommst du die Gemeinheiten von Robert ab! Glücklicherweise hörte Robert auf! Eigentlich wollte ich Max noch was Nettes sagen, aber der rannte ganz schnell weg.

## Seite 11

**2** **a bis e** Die Erzählung muss beantworten, was aus dem Zitronenbäumchen wird, in das Max die blaue Flüssigkeit gießt. Die Fragen aus Aufgabe b können helfen, die Erzählung zu strukturieren, indem diese nacheinander beantwortet werden.

## Seite 12

**1** **a** Angekreuzt werden müssten: Art / Größe / Gewicht / Aussehen.

**b** Mögliche Begründungen:
Der Steckbrief enthält nur Angaben zu Art, Größe, Gewicht, Aussehen …
- weil diese Angabe für den Finder der Schildkröte wichtig sind.
- weil anhand dieser Angaben die Person, welche die/eine Schildkröte findet, weiß, ob es Familie Bauers Schildkröte ist.

## Seite 13

**1** **c** Steckbrief:

| | |
|---|---|
| *Art:* | Griechische Landschildkröte |
| *Ernährung:* | Kräuter, z. B. Löwenzahn |
| *Aussehen:* | ovalförmig gewölbter Rückenpanzer,<br>gelbbräunlich gefärbt mit großen schwarzen Flecken,<br>kleiner, auffällig geschuppter Kopf,<br>geschuppte Gliedmaßen |
| *Größe:* | etwa 25 Zentimeter |
| *Gewicht:* | etwa 700 Gramm |
| *Verhalten:* | tagaktiv, scheu |

**d** Möglichkeiten für die Gestaltung des Steckbriefes:
- mithilfe des PCs und Einfügen von Bildmaterial (evtl. A4-Format)
- handschriftlich und Aufkleben von Bildmaterial (A4- bis A3-Format)

Achten sollte man darauf,
- Oberbegriffe hervorzuheben,
- mit unterschiedlichen Schriftgrößen und ggf. auch Farben zu arbeiten.

**e** Hier kann ein Tier freier Wahl genommen werden. Eine Möglichkeit wäre der dargestellte Beagle auf dem Foto.

**2** **a und b** Mögliche Lösung:

Betreff: Infos zur Griechischen Landschildkröte

Hallo Hanna,
ich empfehle dir, als Haustier eine Griechische Landschildkröte anzuschaffen.
Sie werden etwa 25 Zentimeter groß und etwa 700 Gramm schwer. Diese Schildkröten ernähren sich von Kräutern, zum Beispiel Löwenzahn. Sie haben einen ovalförmig gewölbten Rückenpanzer, der gelbbräunlich gefärbt ist und große schwarze Flecken hat.
Ihre Gliedmaßen sind geschuppt, ebenso ihr sehr kleiner Kopf.
Griechische Landschildkröten sind tagaktiv und sehr scheu.
Ich bin gespannt, ob dir mein Vorschlag gefällt.
Bis bald
Nele

## Seite 14

**1** **a** Mein Sportshirt

| | |
|---|---|
| *Marke:* | unbekannt |
| *Farbe:* | dunkelblau |
| *Größe:* | 158 |
| *Schnittform:* | runder Halsausschnitt, kurzärmlig |
| *Besonderheiten:* | vorn Aufdruck Sportkids; Name „Finn" auf Rückenteil |
| *Material:* | Baumwolle |

**b und c** Ergänzung zu Finns Beschreibung:
Die Farbe ist dunkelblau mit weißer Schrift. Vorne auf meinem Shirt steht „Sportkids", auf dem Rückenteil ist mein Name Finn aufgedruckt.

## Seite 15

**2** **a** Mein Skateboard

| | | | |
|---|---|---|---|
| *Marke:* | unbekannt | | |
| *Form:* | oval | | |
| *Länge:* | 80 cm | *Breite:* | 20 cm |
| *Rollen:* | schwarz mit weißem Kugellager | | |
| *Farbe/Muster:* | Oberseite schwarz; Unterseite schwarz mit gelbem und rotem Flammenmuster | | |
| *Besonderheiten:* | Aufkleber auf der Oberseite | | |
| *Material:* | Holz | | |

**b und c** Beschreibung meines Skateboards:
Mein Skateboard ist aus Holz. Es hat eine ovale Form und ist 80 Zentimeter lang und 20 Zentimeter breit. Die Oberseite meines Boards ist schwarz und hat einen Aufkleber. Die Unterseite ist ebenfalls schwarz mit einem auffälligen gelben und roten Flammenmuster. Die Rollen an meinem Board sind schwarz mit weißem Kugellager.

## Seite 16

**1** Notizen:
Start: Lillys Wohnhaus auf der Brunnengasse – Richtung: Marktplatz – Orientierungspunkte und Entfernungen: nach 200 Metern Denkmal auf der linken Seite – nach Denkmal links abbiegen auf Rosenstraße – nach 150 Metern Blumenladen auf der linken Seite – von dort weiter bis zur Ampel – an der Ampel rechts abbiegen auf Hauptstraße – etwa 300 Meter bis zum Marktplatz mit Kirche und Rathaus auf der rechten Seite – beim Rathaus rechts abbiegen auf Lindenstraße – auf der linken Seite Park – drittes Haus

**2** Mail Marias an Svenja:

Betreff: Besuch

Hallo Svenja,
damit du gut bei mir zu meiner Geburtstagsfeier ankommst, schicke ich dir eine Wegbeschreibung. Du startest bei dir zuhause am Blumengeschäft. Von dort aus läufst du bis zur Ampel, an der du rechts auf die Hauptstraße abbiegst. Du gehst etwa 300 Meter

die Hauptstraße entlang bis zum Marktplatz. Dort befindet sich eine Kirche und auf der linken Seite das Rathaus, an dem du nach rechts auf die Lindenstraße einbiegst. Auf der linken Seite findest du einen Park. Im dritten Haus wohne ich.
Ich freue mich auf dein Kommen!
Liebe Grüße
Maria

## Seite 17

**1** **a** Paul soll einen Bericht über den Besuch seiner Klasse im Schulmuseum für die Schul-Homepage schreiben. Leserinnen und Leser sind Schüler von Pauls Schule, Lehrer, Eltern, aber auch Leute, die sich über Pauls Schule informieren wollen.

**b** Alle wichtigen Informationen (Antworten auf die *W*-Fragen) sind enthalten.

## Seite 18

**1** **c** Mögliche Ergänzungen:
- Besonderheiten/Aussehen der Schulmöbel und der Schulkleidung vor 100 Jahren
- Aussehen/Bekleidung einer Lehrerin / eines Lehrers vor 100 Jahren
- Genaueres zum Unterrichtsmaterial von früher

**d** Mögliche Überschriften:
Zeitreise der Klasse 5 b in die Vergangenheit
Klasse 5 b erkundet den Schulalltag vor über 100 Jahren
Schiefertafel, Schürzen, Matrosenanzüge – der Schulalltag vor über 100 Jahren

**e** Mögliche Schlusssätze:
Die Zeitreise in den Schulalltag vor über 100 Jahren war sehr interessant.
Unser Ausflug ins Schulmuseum war sehr interessant.
Das Schulmuseum bietet verschiedene Führungen für Schulklassen an.

**f und g** Mögliche Lösung:
*Pauls Bericht:*
Schiefertafel, Schürzen, Matrosenanzüge – der Schulalltag vor über 100 Jahren
Am 16. September besuchte unsere Klasse 5 b gemeinsam mit Herrn Beier, unserem Klassenleiter, das Schulmuseum.
Wir trafen uns 8.00 Uhr an der Schule und fuhren dann gemeinsam mit der Straßenbahn zum Museum. Um 9.00 Uhr begann die Führung mit Frau Sommer. Sie arbeitet im Museum. Frau Sommer zeigte uns zunächst Schulbänke und Unterrichtsmaterialien aus früherer Zeit. Anschließend gingen wir in ein Klassenzimmer, welches so eingerichtet war wie vor über 100 Jahren. Die Mädchen mussten sich weiße Latzschürzen umbinden und die Jungen zogen eine blaue Matrosenbluse an. Frau Sommer trug ebenfalls altmodische Kleidung. Dann begann die Unterrichtsstunde. Wir schrieben zum Beispiel auf Schiefertafeln.
Frau Sommer spielte eine strenge Lehrerin.
Gegen 11.00 Uhr verabschiedeten wir uns von Frau Sommer und bedankten uns für den interessanten Museumsbesuch.
Paul, Klasse 5 b

**2** Mögliche Lösung:
*Lisas Bericht:*
Mit dem Förster auf Erkundungstour
Am 17.06. führte unsere Klasse 5c einen Wandertag in den Wald durch. Wir trafen uns um 9.00 Uhr mit Frau John, unserer Lehrerin, an der Schule. Gemeinsam wanderten wir zur Schutzhütte am Waldrand. Dort wartete schon Herr Schulze, der Förster, auf uns. Zuerst führte er uns durch den Wald und erzählte uns dabei viel Interessantes über die verschiedenen Baumarten wie Kiefern, Tannen, Eichen, Buchen, Birken, Lärchen und Ahornbäume.
Anschließend erklärte uns Herr Schulze, wie man eine einfache Schutzhütte aus Ästen und Zweigen baut. Danach wurden wir in Gruppen eingeteilt. Jede Gruppe musste eine solche Schutzhütte errichten.
Frau John und Herr Schulze lobten uns für unseren Eifer beim Bauen. Nachdem wir die Schutzhütten gebaut hatten, wanderten wir zum Waldspielplatz.
Von dort kehrten wir später wieder zurück zur Schutzhütte am Waldrand und verabschiedeten uns von Herrn Schulze. Danach liefen wir wieder zur Schule.
Der Wandertag war sehr interessant und wir haben viel gelernt. Dabei waren wir die ganze Zeit draußen und konnten auch spielen.
Lisa, Klasse 5c

## Seite 19

**1** **b** Mögliche Lösung:
Geschichte mit Vater und Sohn, Schlittenfahrt, Unglück, am Ende alles gut

**c** Mögliche Überschriften:
Aus Alt mach Neu
Die rasante Schlittenfahrt

## Seite 20

**1** **d** Mögliche Überschriften zu den Bildern:
1. Bild: Vater und Sohn bauen einen Schlitten
2. Bild: Vater und Sohn gehen gemeinsam Schlitten fahren
3. Bild: Der Schlitten zerbricht
4. Bild: Vater und Sohn kehren mit den Einzelteilen nach Hause zurück
5. Bild: Aus den Bruchteilen entsteht ein Vogelhäuschen
6. Bild: Vater und Sohn beobachten die Vögel

**e** Wie sich der Junge fühlt:
1. Bild: angespannt, ungeduldig, aufgeregt
2. Bild: ausgelassen, fröhlich, glücklich
3. Bild: wütend, erschrocken, traurig
4. Bild: enttäuscht, mutlos, sauer
5. Bild: neugierig, überrascht, hoffnungsvoll
6. Bild: fröhlich, zufrieden

**f** Mögliche Gedanken des Jungen:
*Anfang:* Vater will einen Schlitten bauen? Ob das etwas wird? Er hat doch zwei linke Hände!
*Ende:* Toll, was mein Vater alles kann! Die Vögel hat er glücklich gemacht. Klasse!

**1** **g** Mögliche Lösung:
Aus Alt mach Neu
Vater will einen Schlitten bauen? Ob das etwas wird? Er hat doch zwei linke Hände! Aber ich lass ihm seine Freude. Vielleicht schafft er das ja. Ich bin ziemlich ungeduldig und freue mich darauf, den Schlitten mit meinem Vater auszuprobieren. Am Rodelberg angekommen darf ich mich auf den Rücken meines Vaters setzen. Ich lache ausgelassen und bin glücklich, als es in rasantem Tempo den Berg hinuntergeht. Plötzlich kracht es und wir fallen in hohem Bogen vom Schlitten. Ach herrje, der Schlitten ist hin. Man, bin ich wütend und traurig zugleich, dass die gemeinsame Rodelpartie ein rasches Ende nahm. Enttäuscht und irgendwie sauer sammeln wir die Reste des Schlittens auf und trotten mit hängenden Köpfen nach Hause. Mein Vater merkt, dass ich traurig bin, und sagt zu mir: „Lass dich überraschen!" Neugierig beobachte ich, wie mein Vater mit Hammer und Säge ein Vogelhäuschen aus den Resten des Schlittens zusammenzimmert. Die Überraschung ist ihm gelungen. Nun sitze ich mit ihm in der warmen Wohnung und beobachte die Vögel, die aufgeregt ihr neues Heim in Besitz nehmen. Nun bin ich wieder zufrieden. Vater kann ja doch, wenn er will!

## Seite 21

**1** **b** Mögliche Lösung:
Ein Schüler kommt zu spät in die Schule. Der Lehrer will von ihm keine Ausrede hören und fordert ihn auf, nichts zu sagen. Er glaubt die Ausrede des Schülers schon zu kennen, nämlich dass „seine" Mutti schuld sei. Der Schüler glaubt somit, dass auch der Lehrer zu spät ist.
Er denkt, der Lehrer hat dieselbe Ausrede wie er.

**2** Mögliche Lösung:
(1) Schüler: ertappt, unschuldig
(1) Lehrer: wütend, aufgebracht
(2) Schüler: grübelnd, nach einer Lösung suchend
(2) Lehrer: abwartend, rätselnd
(3) Schüler: überlegen, clever
(3) Lehrer: überrascht, verblüfft

**3** Mögliche Überschrift:
So entstehen Missverständnisse

**4** Ideen für ein weiteres Bild:
Lehrer und Schüler lachen beide; Lehrer wird böse, weil sich der Schüler lustig macht

## Seite 23

**1** **b** Die beiden Tiere (die zwei Mäuse) können reden und handeln wie Menschen. Die eine Maus lebt ärmlich auf dem Land, die andere Maus in einem reichen Haus bzw. die eine Maus lebt auf dem Land, die andere Maus in der Stadt.

**c** Zutreffende Fabelmerkmale:
- Tiere denken, handeln und sprechen wie Menschen.
- Den Tieren sind bestimmte menschliche Eigenschaften zugeordnet.
- Fabeln enthalten eine Lehre (zentrale Aussage), die hier am Schluss genannt wird.

**2** **a** Reihenfolge der Handlungsschritte im Arbeitsheft:
5, 3, 4, 2, 1, 6
- Eine Landmaus lädt eine Stadtmaus zu sich zum Essen ein.
- Die verwöhnte Stadtmaus mag die Speisen auf dem Lande nicht besonders.
- Die Stadtmaus überredet die Landmaus, mit in die Stadt zu kommen.
- Die Landmaus genießt die Leckerbissen im Palast.
- Die beiden Mäuse müssen aus dem Speisesaal fliehen.
- Die Landmaus kehrt in ihre Wohnung auf dem Land zurück.

**b und c** Mögliche Lösung:
Man ist glücklicher, wenn man zufrieden und bescheiden lebt, als jemand, der reich ist und dabei große Sorgen hat. Es ist besser, wenn jemand zufrieden ist, als jemand, der reich ist und sich sorgen muss. Statt nach Reichtum zu streben, sollte man zufrieden mit dem sein, was man hat.

**3** Auf der Seite 29 findet man Hinweise, worauf man bei einer Nacherzählung achten muss.

## Seite 24

**4** **a**

| Tiername | Lebens-/Wohnverhältnisse |
|---|---|
| Landmaus | Die Landmaus lebt in einfachen, ärmlichen Verhältnissen auf dem Dorf. Sie wohnt in einem alten Bauernhaus hinter einem Speiseregal. Ihre Nahrung besteht vor allem aus Körnern, manchmal isst sie ein Stückchen Speck. |
| Stadtmaus | Die Stadtmaus lebt in einer Stadt in einem großen Palast. Dort wohnt sie in einem kleinen Zimmer hinter einer Truhe. Zum Essen geht sie in den Speisesaal, wo sie sich gern in einen Sessel setzt, um die köstlichen Speisereste zu verspeisen. Sie lebt zwar im Überfluss, muss sich aber ständig vor der Dienerschaft in Acht nehmen. |

**b** *Wie verhält sich die Landmaus gegenüber ihrem Gast, der Stadtmaus?*
Die Landmaus verhält sich sehr freundlich. Sie hat alle Leckereien, die sie finden konnte, herbeigeschafft, damit sich die verwöhnte Stadtmaus wohlfühlt. Sie fordert die Stadtmaus unablässig auf zuzugreifen.
*Wie verhält sich die Stadtmaus bei ihrem Besuch der Landmaus?*
Die Stadtmaus riecht und nagt aus Höflichkeit ein bisschen an den Speisen und tut nur so, als ob es ihr schmeckt.

## Seite 25

**4** **c** Mögliche Lösung:
„Greif nur zu und lasse es dir recht gut schmecken!"
„Nimm dir genügend und iss dich richtig satt!"
„Du musst unbedingt von allen Speisen kosten!"

**d** Markierte Textstellen:
*Die Stadtmaus sagt (Z. 14–17):*
„Du bist eine recht große Törin", sprach sie zu ihr, „dass du hier so kümmerlich dein Leben fristest, während du es in der Stadt so glänzend führen könntest wie ich. Gehe mit mir in die Stadt unter Menschen, dort hast du Vergnügen und Überfluss."

*Die Landmaus sagt (Z. 34–36):*
„Lebe wohl! Einmal und nie wieder! Lieber will ich meine ärmliche Nahrung in Frieden genießen, als hier bei den ausgesuchtesten Speisen schwelgen und stets für mein Leben fürchten müssen."

**4** **e** Mögliche Lösung:
Die *Stadtmaus* sagt das, weil sie ...
- das Leben in der Stadt viel angenehmer findet und es viel mehr zu essen gibt.
- die Landmaus überzeugen will, mit in die Stadt zu kommen.

Die *Landmaus* sagt das, weil sie ...
- auf dem Land viel ruhiger lebt und nicht um ihr Leben bangen muss.
- der Stadtmaus erklärt, warum sie nie wieder in die Stadt kommen möchte.

**f** *Landmaus:* freundlich, gastfreundlich, bescheiden, genügsam, arm, zufrieden, glücklich, vorsichtig
*Stadtmaus:* verwöhnt, reich, gastfreundlich, höflich, vergnügungssüchtig

**5** Mögliche Lösung:
Rebecca wohnte auf dem Dorf und hatte ihren Schulfreund Jacob zu sich eingeladen. Sie zeigte ihm, wie sie die Schweine, Hühner und Ziegen versorgt. Jacob war erstaunt, dass Rebecca sich die meiste Zeit mit den Tieren abgab und keine Spielkonsole besaß. Er meinte, sie solle ihn unbedingt besuchen, denn in der Stadt sei viel mehr los. Als Rebecca bei Jacob war, spielten sie gemeinsam mit seiner Spielkonsole, bis seine Eltern nach Hause kamen und Jacob ausschimpften, weil er seine Pflichten im Haushalt vergessen hatte. Rebecca aber fand, dass es zu Hause bei ihren Tieren viel schöner ist als in der Stadt, auch wenn sie nicht so viele Spielsachen wie Jakob hat.

## Seite 27

**2** **a**

| Merkmale der Märchen | Beispiele aus dem Text |
|---|---|
| gleicher oder ähnlicher Beginn | nicht vorhanden |
| Gegensatzpaare | Gut (Brüderchen und Schwesterchen) und Böse (Wassernixe) |
| magische Zahlen | drei (Verwandlungen von Bürste, Kamm und Spiegel) |
| Fantasiewesen | Wassernixe |
| Verwandlung/Zaubereien | aus Gegenständen werden Hindernisse in Form eines Berges |
| das Böse wird bestraft | Wassernixe muss sich davonmachen, kann Kinder nicht fangen |

**b** gruselig, hässlich, bösartig ...

**c** Mögliche Lösung:
*Warum könnten die Kinder in den Brunnen gefallen sein?*
Die Kinder haben nicht aufgepasst, waren in ihr Spiel vertieft, haben sich gegenseitig gestoßen ...
*Aus welchem Grund könnte die Nixe die Kinder festhalten?*
Die Nixe will sie als Arbeitskräfte, braucht Hilfe, will sie bestrafen für ihr Eindringen in ihr Reich ...

## Seite 28

**2** **d** Mögliche Lösung:
*Schwesterchen:* „Warum haben wir beim Spielen am Brunnen nicht besser aufgepasst? Jetzt muss ich hier harte Arbeiten erledigen!“ „Komm, Brüderchen, lass uns fliehen!“ „Dir werde ich es zeigen! Nimm die Bürste! Und jetzt den Spiegel! Der soll zu einem glitschigen Berg werden!“
*Brüderchen:* „Ich hätte besser aufpassen müssen! Jetzt bin ich schuld, dass wir bei der blöden Nixe hart arbeiten müssen.“ „Ja, wir sollten fliehen. Wir verschwinden, wenn die Nixe in der Kirche ist.“ „Nimm den Kamm! Du bekommst uns nie!“

**e** Die Figuren sind typische Märchenfiguren, da sie in den Brunnen gefallen sind und sich dabei nicht verletzt haben, im Wasser leben können, mit Alltagsgegenständen zaubern können. Die Nixe ist eine Fantasiefigur.

**4** Mögliche Lösung:
Das Reich der Wassernixe ist anders als unsere Welt. Es besteht aus einem riesigen Schloss unter Wasser wie in einer Luftblase. Man kann darin atmen und sich ganz normal bewegen. Das Schloss ist Teil einer unterirdischen Welt mit vielen Häusern und sogar einer Kirche. Das Schloss der Wassernixe ist prächtig und besteht aus bunten Muscheln und Korallen. Zahlreiche verzauberte Figuren dienen ihr. Alle, die in der Wasserwelt leben, können zaubern.

**5** Mögliche Lösung:
Das Märchen beschreibt eine unbekannte, verzauberte Welt. Es könnte immer noch von Interesse sein, da der Mensch bis heute versucht, ihm unbekannte Welten (z. B. im Weltraum) zu erfassen.

## Seite 30

**1** **b** Der Satz ist unwahr, weil man durch die vielen Matratzen und Decken niemals eine kleine Erbse spüren kann.

**2** **a** Mögliche Erzählabschnitte:
1 Prinz bereiste die Welt, um wirkliche Prinzessin zu finden.
2 Eines Abends klopfte eine vom Regen durchnässte Prinzessin an das Stadttor und behauptete, eine wirkliche Prinzessin zu sein.
3 Die Königin wollte die Echtheit der Prinzessin durch den Trick mit der Erbse überprüfen.
4 Die Prinzessin berichtet am anderen Morgen von etwas Hartem, auf dem sie gelegen und das ihren Schlaf gestört hätte.
5 Der Prinz nahm die Prinzessin zur Frau.

**b** Handlungsverlauf:
1 Ort: Reise in die Welt; Prinz möchte wirkliche Prinzessin heiraten, kein Erfolg; irgendetwas nicht richtig
2 schlechtes Wetter, Mädchen vorm Tor, völlig durchnässt, behauptet, echte Prinzessin zu sein
3 Anbieten eines Bettes, ausgestattet mit vielen Matratzen und Decken, darunter eine Erbse
4 Frage nach Schlaf, schlechte Nacht gehabt, auf etwas Hartem geschlafen,
5 Beweis einer wirklichen Prinzessin erbracht, Hochzeit mit Prinz, Erbse ausgestellt als Erinnerung

**3** Mögliche Lösung:
Es war einmal ein Prinz, der eine wirkliche Prinzessin suchte, um sie zur Frau zu nehmen. Doch in der ganzen Welt konnte er keine wirkliche Prinzessin finden, weil immer irgendetwas nicht stimmte, und so kehrte er entmutigt zurück zu seinen Eltern.

Eines Abends, gerade als ein Unwetter tobte, klopfte es an das Stadttor. Dort fand sich eine junge Prinzessin ein, die behauptete, eine wahre Prinzessin zu sein, obwohl sie – durchnässt vom Regen – nicht danach aussah.
Die Königin dachte bei sich: „Das müssen wir aber überprüfen!" Sie bot der Prinzessin ein Bett für die Nacht an, das sie mit vielen Matratzen und Decken ausstattete und darunter eine Erbse versteckte. „Wenn es eine echte Prinzessin ist, ist sie so feinfühlig, dass sie die Erbse wohl auch unter den vielen Matratzen spürt", befand die Königin.
Am nächsten Morgen wurde die Prinzessin nach ihrem Schlaf befragt. Die Prinzessin berichtete: „Ich habe die ganze Nacht kein Auge zugemacht. In meinem Bett muss etwas Hartes gelegen haben, das mir den Schlaf geraubt hat."
Da wussten alle, dass es sich um eine wirkliche Prinzessin handeln musste, und der Prinz nahm sie zu seiner Frau. Das Beweisstück, die Erbse, jedoch wurde ausgestellt in der Kunstkammer und da ist sie noch heute.

## Seite 31

**1** **b** Frühlingserwachen, erste Schneeglöckchen, kaltes Wetter, schneebedeckte Erde, Vorfreude auf Frühling

**c** Personifizierungen:
„Und aus der Erde schauet … Schneeglöckchen" / „Es friert im weißen Röckchen" / …

**d** Reim:

| | |
|---|---|
| Und aus der Erde schauet nur | a |
| Alleine noch Schneeglöckchen; | b |
| So kalt, so kalt ist noch die Flur, | a |
| Es friert im weißen Röckchen. | b |

(Aus: Theodor Storm: Sämtliche Werke in vier Bänden. Band 1. Berlin und Weimar: Aufbau, 1978. S. 148–149.)

**e** Reimschema: Kreuzreim

## Seite 32

**2** **a bis d** Originalgedicht:
*In der Frühe*

Goldstrahlen schießen übers Dach,
Die Hähne krähn den Morgen wach;
Nun einer hier, nun einer dort,
So kräht es nun von Ort zu Ort.
Und in der Ferne stirbt der Klang –
Ich höre nichts, ich horche lang.
Ihr wackern Hähne krähet doch!
Sie schlafen immer, immer noch.

(Aus: Theodor Storm: Sämtliche Werke in vier Bänden. Band 1. Berlin und Weimar: Aufbau, 1978. S. 143–144.)

**3** **a** Das Ich könnte z. B. der Dichter sein, ein Bauer, eine Bäuerin oder ein Urlauber.
Das Ich ist ganz zeitig aufgestanden und schildert seine Beobachtungen.

**3** **b** Mögliche Lösung:
Goldstrahlen schießen übers Dach,
Die Hähne krähn den Morgen wach;
→ eher freudige, erwartungsfrohe Stimmung
Ich höre nichts, ich horche lang.
Ihr wackern Hähne krähet doch!
→ ungeduldig, fast enttäuscht

## Seite 33

**1** **b** Mögliche Adjektive:
einsam, traurig, sehnsüchtig, hoffnungslos, ängstlich

**c und d** Mögliche Betonungen:
*Das Häuschen an der Bahn*

Steht ein Häuschen an der Bahn,
hoch auf grünem Hügelplan.

Tag und Nacht, in schnellem Flug,
braust vorüber Zug um Zug. *(schnell)*

Jedes Mal bei dem Gebraus
zittert leis das kleine Haus –: *(leise)*

„Wen verlässt, wen sucht auf *(wörtliche Rede)*
euer nimmermüder Lauf?" *(Stimme heben)*

„Oh nehmt mit, oh bestellt
Grüße an die weite Welt!"

Rauch, Gestampf, Geroll, Geschrill … *(laut)*
Alles wieder totenstill. *(leise)*

Tag und Nacht dröhnt das Gleis. *(lauter)*
Einsam Häuschen zittert leis. *(leiser)*

(Aus: Christian Morgenstern: Sämtliche Dichtungen. Abteilung 1, Band 2, Basel 1971–1973, S. 73–74.)

## Seite 34

**1** **b** Mögliche Lösung:
Sie haben die Sage immer weitererzählt, weil …
- die Sage mit ihrem Ort zu tun hat.
- der Teufel eine Rolle spielt.
- erklärt wird, woher die großen Steine stammen.
- erklärt wird, warum das Feld bei Rückersdorf „die Hölle" heißt.
- die Sage spannend ist.
- die Sage eine landschaftliche Besonderheit erklärt.

**2** **a** Markierungen:
Zeile 1: Rothhügel bei Rückersdorf; ein Feld „die Hölle"
Zeile 2: Wald; viele große Kieselsteine
Zeile 4: Rußdorf; nämliche Gestein ganze Felsen
Zeile 7: Steine

**b** Antworten auf die Fragen:
*Wo liegen die Steine des Teufels?*
Am Rothügel bei Rückersdorf befindet sich ein Feld, wo vor kurzer Zeit noch ein Wald gestanden hat, in dem zwischen den Bäumen viele große Kieselsteine lagen.
*Wo liegen die Steine der Großmutter?*
Wenn man von Rothügel bei Rückersdorf auf Rußdorf zugeht, sieht man verschiedene Steine herumliegen.

## Seite 35

**2** **c** Der Teufel und seine Großmutter haben darum gewettet, wer von ihnen am weitesten große Steine werfen kann.
Der Teufel stand bei Rußdorf, seine Großmutter befand sich ebenfalls dort.
Die Wette gewann der Teufel.

**d** *wahrer Kern:*
- Zuordnung geografischer Angaben wie Rothügel bei Rückersdorf, Rußdorf sowie Feld namens „Hölle"
- örtliche Besonderheiten wie große Steine und Felsen

*Erfundenes:*
- Wette zwischen Teufel und seiner Großmutter
- Existenz von Teufel und Großmutter
- Steine, die über eine riesige Entfernung geworfen wurden

**e** Es ist eine Ortssage, weil diese Sage einen wahren Kern enthält rund um die Orte Rußdorf und Rückersdorf und eine landschaftliche Besonderheit erklärt, z. B. die großen Steine oder das Feld „Hölle" am Rothhügel.

**3** **b** Mögliche Lösung:
Berggeist Rübezahl: riesig groß, massige Gestalt, behaart am ganzen Körper, großer Kopf ...

**c** Markierungen:
Zeile 1: Dörfer Schöna; Reinhardsdorf
Zeile 2: der große Zschirnstein
Zeile 3: Schneeberg
Zeile 3/4: westlichen Schweiz
Zeile 4: „Zürnstein"
Zeile 7/8: das sächsische Sandsteingebirge
Zeile 11: den großen und den kleinen Zschirnstein
Zeile 14: Schöne; Zirkelstein
Zeile 15: Kahlstein; Kaiserkrone; Schandau
Zeile 17: Zahngrund

## Seite 36

**3** **d** Der Name „Zürnstein" kommt daher, dass Rübezahl sicher erzürnt war, als er mit dem Kopf an den Felsen rannte und sich verletzt hatte. Der Name „Zschirnstein" soll eine verstümmelte Form von „Zürnstein" sein.

**e** Die in der Sage genannten Orte und Felsen gibt es tatsächlich in der Sächsischen Schweiz.

**f** Erfunden sind:
- der Berggeist Rübezahl
- Rübezahls Blut als Gesteinsadern
- das Spalten des Zschirnsteins in Kleinen und Großen Zschirnstein durch Rübezahls Kopf
- Zirkelstein und Kahlstein seien Rübezahls Zähne

**g** Mögliche Rechercheergebnisse:
Zschirnsteine:
- Tafelberge im Elbsandsteingebirge
- Wanderungen dort möglich
- schöne Aussicht vom Gipfel der Berge
- der Große Zschirnstein höchste Erhebung in der Sächsischen Schweiz

## Seite 37

**1** **a** Besuch des Elbsandsteingebirges:
- Rübezahl besucht das Sächsische Sandsteingebirge
- übersieht es und verletzt sich, indem er mit dem Kopf gegen einen Felsen rennt
- Fels zerspringt in zwei Teile
- schwere Verletzung: zwei Zähne ausgeschlagen
- starke Schmerzen und Blutverlust
- Rast in einem kühlen Grund
- Berggeist zornig und wütend

**b und c** Mögliche Lösung:
Rübezahl kam eines Tages vom Riesengebirge in das Sandsteingebirge. Der Berggeist rannte so schnell, dass er in der Nähe von Reinhardsdorf einen Felsen übersah und mit seinem Kopf so heftig daranstieß, dass der Felsen in zwei Teile – den Kleinen und den Großen Zschirnstein – zersprang. Rübezahl fiel dabei so schwer, dass er zwei seiner riesigen Zähne verlor. Die Schmerzen und der Blutverlust waren sehr stark, weshalb der Berggeist in einem kühlen Grund bei Schandau rastete, um seine Schmerzen zu lindern. Er war sehr erzürnt über sein Missgeschick.

## Seite 38

**1** Es geht um Mäuse und darum, ob sie süß oder lästig sind.

## Seite 39

**2** **a** Orientierungshilfen:
fett gedruckte Wörter, Absätze, Worterläuterung, Fotos

**b** Es geht um Hintergrundinformationen zur Maus (Aussehen, Ernährung, Nachwuchs, unterschiedliche Arten) und um Gründe dafür, warum sie auch als Plagegeister gelten können.

**d** Mäuse und Plagegeister

**3** **b** Zuordnung der Teilüberschriften:

| | |
|---|---|
| Verhalten der Hausmäuse | Abschnitt 4 |
| Ernährung der Hausmäuse | Abschnitt 3 |
| Mäuse als Haustiere | Abschnitt 6 |
| Verbreitung der Hausmäuse | Abschnitt 1 |
| Nachwuchs bei den Hausmäusen | Abschnitt 5 |
| Aussehen der Hausmäuse | Abschnitt 2 |

## Seite 40

**4** **a und b** Stichpunkte zur Beantwortung der Fragen:
*Wo leben die Hausmäuse?*
überall (Land oder Stadt), Hohlräume (z. B. hinter Schrank)
*Welche Körpermerkmale haben Hausmäuse?*
8–11 Zentimeter Körpergröße, langer Schwanz (so lang wie der Körper), spitze Schnauze mit langen Barthaaren, dunkle Knopfaugen, große Ohren, graues oder bräunliches Fell, Gewicht: ca. 20 Gramm
*Was fressen Hausmäuse?*
Allesfresser, gerne pflanzliche Nahrung, aber auch Insekten
*Welche Verhaltensweisen sind bei Mäusen auffällig?*
nachtaktiv, knabbern alles an, auch weil ihre Zähne ständig nachwachsen
*Wie kommen die Jungen auf die Welt?*
Jungen kommen nackt und blind auf die Welt, nur zwei bis drei Zentimeter groß, 1 Gramm Gewicht, wachsen innerhalb von drei Wochen heran
*Welche Mäusearten sind beliebte Haustiere?*
die Farbmaus, die Rennmaus oder die weiße Maus

## Seite 41

**5** **a** Es geht um den Elefanten und seine Besonderheiten.

## Seite 42

**5** **b und c** Stichpunkte zur Beantwortung der Fragen:
**1** *Welche Arten von Elefanten gibt es?*
drei Arten: den Asiatischen Elefanten, den Afrikanischen Elefanten und den ebenfalls in Afrika lebenden Waldelefanten
**2** *Wie leben Elefanten?*
Elefantenkühe leben gemeinsam mit Jungen in Herde, angeführt von einer Leitkuh, ausgeprägter Familiensinn, verständigen sich über Laute
**3** *Wie ernähren sich die Elefanten?*
Pflanzenfresser, 200 Kilogramm Gras, Äste usw. und 150 Liter Wasser pro Tag
**4** *Welche körperlichen Besonderheiten haben Elefanten?*
mächtiger Körperbau (wiegen mehr als sechs Tonnen, bis zu vier Meter groß), können bis zu 70 Jahre alt werden, langer Rüssel, Stoßzähle aus Elfenbein, große Ohren, säulenartige Beine, Fußsohlen Polster, empfindsame Haut
**5** *Warum sind Elefanten vom Aussterben bedroht?*
wegen der Stoßzähne von Wilderern gejagt, natürlicher Lebensraum immer mehr eingeschränkt

**5** **d** Mögliche Lösung:
Abschnitt 1: Unterschiedliche Arten
Abschnitt 2: Familiensinn
Abschnitt 3: Ernährung
Abschnitt 4: Körperliche Besonderheiten
Abschnitt 5: Bedrohte Tierart

**6**

| Behauptung | richtig | falsch |
|---|---|---|
| Elefanten leben in Asien und Afrika. | x | |
| Es gibt vier verschiedene Arten von Elefanten. | | x |
| Elefanten verständigen sich mithilfe verschiedener Laute. | x | |
| Elefanten fressen täglich etwa 200 Kilogramm. | x | |
| Elefanten haben eine dicke, unempfindliche Haut. | | x |
| Elefanten haben viele natürliche Feinde. | | x |

## Seite 43

**1** **a** Tierfreund, Hund, Eltern, Geburtstag, Dackel, Freund, Geld, Sparbüchse, Zoohandlung, Leine, Halsband, Fressnapf, Freude, Geburtstag

**b** *männlich:* der/ein Tierfreund – die Tierfreunde, der/ein Hund – die Hunde
*weiblich:* die/eine Sparbüchse – die Sparbüchsen, die/eine Leine – die Leinen
*sächlich:* das/ein Geld – die Gelder, das/ein Halsband – die Halsbänder

## Seite 44

**2** **a**
2 dem Besucher: Wem gefällt das Bild? – Dativ (3. Fall)
3 den Kuckuck: Wen oder was höre ich rufen? – Akkusativ (4. Fall)
4 bunte Eier: Wer oder was wird zu Ostern versteckt? – Nominativ (1. Fall)

**b**
2 einen Sänger – Akkusativ (4. Fall)
3 das Taxi – Nominativ (1. Fall)
4 dem Enkel – Dativ (3. Fall)

**3** einer Zoohandlung, das Halsband, des Einkaufs, einen Rucksack, den Einkauf, einem Schrank, den Geburtstag

## Seite 45

**4** **a** 2 sie 3 er 4 wir 5 es

**b** 2 ihr 3 uns 4 dir 5 ihm

**5** 1 meinem 2 ihre 3 seinem 4 ihren 5 unseren 6 deine

## Seite 46

**1** **a** der/ein Füller – die Füller, die/eine Schultasche – die Schultaschen, der/ein Zirkel – die Zirkel, das/ein Heft – die Hefte, das/ein Buch – die Bücher, die/eine Schere – die Scheren, der/ein Stundenplan – die Stundenpläne, die/eine Tafel – die Tafeln, die/eine Klingel – die Klingeln

**b** **1** der Klasse **2** den Freund **3** einen Fehler **4** einem Sammler

## Seite 47

**1** **a** findet statt, nehmen teil, will gewinnen, steht, werden schaffen, ist, steht, dauert, spielt, verschafft, gelingt, besiegen und gewinnen, liegt

**b**
**2** meine Familie fährt – 3. Person Singular
**3** Julius trifft – 3. Person Singular
**4** du suchst – 2. Person Singular
**5** meine Freunde und ich treffen – 1. Person Plural
**6** ihr hört – 2. Person Plural

## Seite 48

**1** **c** **1** fährt **2** gehen **3** verlässt **4** schaut **5** wünsche
**6** besucht **7** singst **8** vergisst **9** erreichst **10** hilft

**d** nachschlagen: Regelmäßig schlage ich im Wörterbuch nach.
zuhören: Die Schülerin hört aufmerksam zu.
mitschreiben: Der Student schreibt gewissenhaft mit.
weglaufen: Der Junge läuft vor dem Hund weg.
nachfragen: Das Mädchen fragt nochmals beim Lehrer nach.
aufpassen: Im Unterricht passt jeder gut auf.
annehmen: Ich nehme die Herausforderung an.

## Seite 49

**1** **a** Präsens

**b und c** Unsere Schulauswahl stand im Endspiel gegen unseren stärksten Gegner.
Die Spannung war zum Greifen. Das Spiel dauerte nur noch fünf Minuten.
Aber unser Mannschaftskapitän Thomas spielte bereits den Ball Richtung gegnerisches Tor.
Und so gelang Thomas das Unfassbare. Wir besiegten die stärkste Schulmannschaft.

Zeitform: Präteritum

**d**
**2** ist – Präsens
**3** begann – Präteritum
**4** wird lieben – Futur

## Seite 50

**2** ich hatte gelesen, du hattest gegessen, er war gegangen, wir waren gesprungen, ihr hattet bezahlt, sie waren abgereist

**3** **1** regnete, geputzt hatte
**2** wusste, angekündigt hatte
**3** gebrochen hatte, hinkte
**4** aufgegessen hatte, machte

## Seite 51

**4** **a** ich schreibe, er hört, wir rennen – ich schrieb, er hörte, wir rannten – ich habe geschrieben, er hat gehört, wir sind gerannt – ich hatte geschrieben, er hatte gehört, wir waren gerannt – ich werde schreiben, er wird hören, wir werden rennen

**b** **1** habe wiederholt **2** wird kommen **3** liest **4** fiel **5** hatten gefeiert

**c**
**2** Ich singe gern.
**3** Der Junge hat den Einbrecher beschrieben.
**4** Ich dachte an meine letzten Ferien.
**5** Meine Freunde werden leider meine Party verlassen.
**6** Der Besucher hatte das Bild genau betrachtet.

## Seite 52

**1** **a** mit + machen = mitmachen, an + hören = anhören, zu + nehmen = zunehmen, ab + geben = abgeben, vor + bereiten = vorbereiten, auf + schreiben = aufschreiben

**c** ich mache mit, du machst mit, er/sie/es macht mit, wir machen mit, ihr macht mit, sie machen mit
ich gebe ab, du gibst ab, er/sie/es gibt ab, wir geben ab, ihr gebt ab, sie geben ab

**d**
**1** Ich passe im Unterricht immer auf.
**2** Die Klasse hört die CD an.
**3** Die Freundin gibt ihren Fehler zu.
**4** Die Schüler schreiben von der Tafel ab.
**5** Das Mädchen bereitet ihren Gedichtvortrag vor.

## Seite 53

**1** **2** starken **3** altes **4** rasanten **5** kaputte **6** freundlichen, gesundes

**2** hell, heller, am hellsten
genau, genauer, am genauesten
herzhaft, herzhafter, am herzhaftesten
sparsam, sparsamer, am sparsamsten

**3** keine Steigerung möglich, da sie schon die größtmögliche Steigerung ausdrücken

## Seite 54

**1** a

| Fall/Kasus | neu, der Füller | groß, die Tafel | alt, das Buch |
|---|---|---|---|
| 1. Fall Nominativ | der neue Füller<br>ein neuer Füller | die große Tafel<br>eine große Tafel | das alte Buch<br>ein altes Buch |
| 2. Fall Genitiv | des neuen Füllers<br>eines neuen Füllers | der großen Tafel<br>einer großen Tafel | des alten Buches<br>eines alten Buches |
| 3. Fall Dativ | dem neuen Füller<br>einem neuen Füller | der großen Tafel<br>einer großen Tafel | dem alten Buch<br>einem alten Buch |
| 4. Fall Akkusativ | den neuen Füller<br>einen neuen Füller | die große Tafel<br>eine große Tafel | das alte Buch<br>ein altes Buch |

**b** **1** laute **2** spannende **3** alten **4** interessantes
**5** kleinen **6** moderne **7** engen **8** weite

## Seite 55

**1** **a und b**
2 für die Schule – Akkusativ
3 an einem Plakat – Dativ, für den Englischunterricht – Akkusativ
4 mit dem Lehrbuch und einem Wörterbuch – Dativ
5 für diese Arbeit – Akkusativ
6 ohne unsere Lehrerin – Akkusativ, auf die Idee – Akkusativ

**2** 2 Ich sitze <u>auf einem Stuhl</u>.
3 Mein Vater arbeitet oft <u>unter Druck</u>.
4 Mein Bruder geht regelmäßig <u>in die Schwimmhalle</u>.
5 Mein Buch fällt <u>neben den Tisch</u>.
6 Das Spiel findet <u>hinter dem Haus</u> statt.
7 <u>Zwischen den Kissen</u> liegt eine Katze.

## Seite 56

**1** **2** mit unseren Freunden **3** von einer Reise **4** nach dem Kinobesuch

**2** **1** um die Vielfalt **2** durch die Welt **3** für die Reise **4** ohne Experten

**3** **a und b** **1** auf einem Kinosessel **2** auf den Boden **3** in dem Kinosaal oder im Kinosaal
**4** in den Computerraum **5** neben der Freundin **6** neben den Platz
**7** an dem Popcorn oder am Popcorn **8** an den letzten Kinobesuch

## Seite 57

**1** **1** Aussagesatz **2** Aussagesatz **3** Fragesatz **4** Fragesatz **5** Aussagesatz

**2** **1** „Geh mal in den Keller und hole den Roller herauf!" (Aufforderungssatz)
**2** „Ich finde den Roller hier unten nicht." (Aussagesatz)
**3** „Hast du ihn denn richtig gesucht?" (Fragesatz)
**4** „Wo steht der Roller denn genau?" (Fragesatz)
**5** „Schau gründlich nach!" (Aufforderungssatz)
**6** „Der Roller ist nicht im Keller." (Aussagesatz)

## Seite 58

**1** **b** Der Papagei saß auf seiner Stange im Esszimmer. Er krächzte: „Iss mit Messer und Gabel! Setz dich gerade hin! Beug dich über deinen Teller! Zappel nicht so herum!" Diese Sätze krächzte er den ganzen Tag. Wer hatte sie ihm wohl beigebracht? War jemand aus der Familie beim Essen so oft ermahnt worden? Jedenfalls muss ein Papagei Wörter sehr häufig hören, bis er sie nachsprechen kann.

**c** Mögliche Lösung:
„Ich habe Hunger."
„Gibt es Nachtisch?"

## Seite 59

**1** **a und b** Eine Prinzessin | spielte | einmal | am Brunnenrand.
Am Brunnenrand | spielte | einmal | eine Prinzessin.

**c** Spielte einmal eine Prinzessin am Brunnenrand?

**2** **2** Ein Frosch | holte | die Kugel. (3)
**3** Er | verlangte | von der Prinzessin | einen hohen Preis | dafür. (5)
**4** Die schöne Prinzessin | warf | den Frosch | vor Wut | an die Wand. (5)
**5** Er | wurde | plötzlich | zu einem ansehnlichen Prinzen. (4)
**6** Das junge Paar | lebte | zusammen | glücklich | bis an sein Lebensende. (5)

**3** Mögliche Lösung:
Einmal spielte eine Prinzessin am Brunnenrand. Plötzlich fiel ihre goldene Kugel ins Wasser. Ein Frosch holte die Kugel. Dafür verlangte er von der Prinzessin einen hohen Preis. Vor Wut warf die schöne Prinzessin den Frosch an die Wand. Plötzlich wurde er zu einem ansehnlichen Prinzen. Das junge Paar lebte zusammen glücklich bis an sein Lebensende.

## Seite 60

**1** **1** Alle Brotkrumen wurden tagsüber von Vögeln gefressen.
**2** Die Lebkuchen schmeckten den hungrigen Kindern köstlich.
**3** Die Hexe lockte die Kinder geschickt in ihr Häuschen.
**4** Hänsel saß wochenlang im Käfig.
**5** Seine Schwester musste die ganze Zeit hart arbeiten.

**2** a

2 Wer oder was erhitzte den Backofen für den Braten? Das Holzfeuer.
3 Wer oder was sollte zum Festmahl werden? Gretels Bruder Hänsel.
4 Wer oder was schubste die Hexe hinein? Gretel.

**3** Mögliche Lösung:
Die Hexe befühlte den kleinen Knochen statt Hänsels Finger.
Den Backofen für den Braten erhitzte das Holzfeuer.
Gretel schubste am Schluss die Hexe hinein.

## Seite 61

**1** und **2**

1 Nimm deinen Bleistift in die Hand.
2 Male ein kleines Haus auf den Seitenrand.
3 Hole deinen Radiergummi aus der Federtasche.
4 Entferne das kleine Haus mit dem Radiergummi.

**3** 2 Der Jäger führt das Mädchen in den Wald.
3 Das Mädchen läuft über sieben Berge.
4 Der Jäger bringt der Königin das Herz eines Rehs.

**4** 1 Das Mädchen lebte hinter den sieben Bergen.
2 Es aß von einem Tellerchen und trank aus einem Becherchen.
3 Es legte sich in ein Bettchen und schlief tief und fest.
4 Da kamen die Zwerge nach Hause.

## Seite 62

**5** 1 Die Zwerge haben zuerst über Schneewittchen gestaunt.
2 Dann nehmen sie das schöne Mädchen in ihrem Haus auf.
3 Schneewittchen möchte die Zwerge versorgen.
4 Aber die Königin denkt sich einen gemeinen Plan aus.
5 Das vergiftete Apfelstück steckt in Schneewittchens Hals.
6 Die Zwerge beweinen das tote Mädchen.
7 Der Prinz nimmt Schneewittchen im Sarg mit.
8 Sie spuckt das vergiftete Apfelstück aus.
9 Da wacht sie wieder auf.

**6** **a und b**

1 Die Königin hatte etwas Gemeines vor.
2 Sie wollte Schneewittchen vergiften.
3 Zuerst bot sie ihr einen vergifteten Kamm an.
4 Aber Schneewittchen wurde von den Zwergen gerettet.
5 Dann strich die Königin eine Apfelhälfte mit Gift ein.
6 Als alte Frau verkleidet klopfte sie bei Schneewittchen an.

## Seite 63

**1** a

2 Sie kann ihre Freundin nicht treffen.
3 Aya darf ihre Freundin am Wochenende besuchen.
4 Sie muss noch Vokabeln lernen.

b

2 Er zieht seine Kleidung an.
3 Dann packt er sein Deutschbuch ein.
4 Mihai geht nach dem Frühstück los.

**2** a

2 Ich bin jeden Tag zum Fußballplatz gegangen.
3 Dort haben viele Kinder zusammen Fußball gespielt.
4 Ganze Tage haben wir auf dem Sportplatz verbracht.

b

1 Wir werden in den Ferien ans Meer fahren.
2 Dann werde ich zum ersten Mal die Ostsee sehen.
3 Vor dieser Entscheidung hatten wir lange überlegt.
4 Zuerst war die Idee meiner Schwester eingefallen.

## Seite 64

**1**
2 Wen oder was fand die Prinzessin? Eine Lösung. (AO)
3 Wem gab sie einen Tritt? Dem Frosch. (DO)
Wen oder was gab sie ihm? Einen Tritt. (AO)
4 Wem gratulierte der König? Dem glücklichen Paar. (DO)
5 Wen oder was nahm die Prinzessin? Die goldene Kugel. (AO)
6 Wen oder was schickte sie weg? Ihn. (AO)
7 Wen oder was verlangte der Frosch? Seine Belohnung. (AO)

**2**
2 Er erklärte der Prinzessin seine Gründe.
3 Da bot der König dem Frosch einen Sitzplatz neben der Prinzessin an.
4 Man gab ihm keinen Teller und kein Besteck.
5 Die Prinzessin musste den seltsamen Gast füttern.
6 Später musste sie dem Frosch eine Bettseite überlassen.

## Seite 65

**1**
1 Wohin gingen Hänsel und Gretel? In den Wald.
2 Wo sahen sie ein Häuschen? Dort.
3 Wohin lockte die Hexe die Kinder? Ins Haus.

**2**
1 Wie lange saß Hänsel im Käfig? Seit Wochen.
2 Wie oft musste Gretel fette Braten zubereiten? Andauernd.
3 Wann gelang ihnen die Flucht? Eines Abends.

**3** 1 Am frühen Morgen (Adverbialbestimmung der Zeit) holte die Frau die Kinder aus dem Bett (Adverbialbestimmung des Ortes).
2 Vor dem Haus (Adverbialbestimmung des Ortes) gab sie den Kindern anschließend (Adverbialbestimmung der Zeit) zwei Stückchen Brot.

**4** *Aufgabe 1:*
1 Hänsel und Gretel gingen in den Wald.
2 Dort sahen sie ein Häuschen (AO).
3 Die Hexe lockte die Kinder (AO) ins Haus.
*Aufgabe 2:*
1 Seit Wochen saß Hänsel im Käfig.
2 Gretel musste andauernd fette Braten (AO) zubereiten.
3 Eines Abends gelang ihnen (DO) die Flucht.
*Aufgabe 3:*
1 Am frühen Morgen holte die Frau die Kinder (AO) aus dem Bett.
2 Vor dem Haus gab sie den Kindern (DO) anschließend zwei Stückchen Brot (AO).

**5** Hänsel und Gretel gingen in den Wald. Dort sahen sie ein Häuschen. Ins Haus lockte die Hexe die Kinder. Seit Wochen saß Hänsel im Käfig. Andauernd musste Gretel fette Braten zubereiten. Eines Abends gelang ihnen die Flucht.

## Seite 66

**1** b
2 Die überglücklichen Eltern wollten zur Taufe ein Fest feiern.
3 Sie vergaßen eine Frau aus der Gruppe der Feen.
4 Aus lauter Wut darüber sprach sie einen Fluch aus.
5 Die Spindel der Prinzessin war verzaubert.
6 Sie stach sich damit und die wunderschöne Prinzessin fiel in einen hundertjährigen Schlaf.

**2** 1 Erst nach langer Zeit kam ein mutiger Prinz.
2 Er hatte von der schönen Prinzessin gehört und wollte in das alte Schloss eindringen.
3 Mit einem scharfen Schwert durchschlug er die dichte Dornenhecke.
4 Er fand die Prinzessin im Turm und gab ihr einen zärtlichen Kuss.

**3** Mögliche Lösung:
Die schöne Prinzessin schlug die Augen auf und blickte den mutigen Prinz freundlich an. Zusammen gingen sie im prächtigen Schloss umher und der ganze Hofstaat erwachte. Der Königssohn feierte mit der schönen Prinzessin eine prächtige Hochzeit. Sie lebten vergnügt bis ans Lebensende.

## Seite 67

**1** In den Märchen *Dornröschen*, *Schneewittchen* und *Der Froschkönig* kommen Prinzessinnen vor. Meistens geht es um Liebe, Hass, Freundschaft und Treue. Fast in allen Märchen kommen auch böse Hexen, Zauberer, Feen oder andere Fantasiefiguren vor. Märchen können wir an dem typischen Anfangs- und Endsatz, dem Streit zwischen Gut und Böse, an wundersamen Ereignissen sowie am glücklichen Ende erkennen.

**2** **b** Zuerst müssen wir uns für ein Märchen entscheiden, dieses als Drehbuch umschreiben und die Rollen verteilen. Anschließend lesen wir das Drehbuch zur Probe in verteilten Rollen, überarbeiten es, dann legen wir die endgültigen Sprechtexte fest und die müssen dann alle auswendig lernen. Danach stellt sich jede Schauspielerin und jeder Schauspieler das Kostüm zusammen, die anderen sammeln, bauen und basteln die Requisiten und eine kleine Gruppe überlegt sich deren Standort auf der Bühne. Außerdem brauchen wir Kinder für die Zweitbesetzungen, für die Beleuchtung, für das Theaterorchester und den Theaterchor. Zum Schluss müssen wir den Aufführungstermin festlegen, die Einladung und das Poster entwerfen, das alles verteilen und aufhängen sowie eine Generalprobe machen.

## Seite 68

**1** **a und b** Ida fand es an der Nordsee toll, obwohl das Wetter so schlecht war.
Es wird bestimmt andauernd regnen, wenn wir wieder dorthin fahren.
Ich bin dafür, dass wir mal nach Italien verreisen.
Aber Papa wird dagegen sein, weil es so weit zu fahren ist.

**2**
2 Sein Vater hat ihn schon zu Klettertouren mitgenommen, als er erst fünf Jahre alt war.
3 Obwohl es über 20 Meter hinunterging, hat er damals beim Abseilen laut gejuchzt.
4 Mittlerweile geht er einmal pro Woche in die Kletterhalle, damit er auch schwierige Kletterpartien üben kann.
5 Da Klettern ganz schön gefährlich werden kann, hat sich seine Mutter immer gesorgt.
6 Aber mittlerweile macht sie auch mit, nachdem sie in der Kletterhalle viel mittrainiert hat.

## Seite 69

**3**
2 Auch in den letzten Ferien war sie dort, damit sie Reitstunden nehmen und bei der Pferdepflege helfen konnte.
3 Inzwischen trifft sie dort auch ihre besten Freundinnen, die sie auf dem Ponyhof kennengelernt hat.
4 Wenn ihnen der Besitzer des Ponyhofes es erlaubt, wollen sie nächstes Jahr alle zusammen eine mehrtägige Reittour machen.
5 Die Freundinnen müssen sich nämlich dafür die Ponys ausleihen, weil keine von ihnen ein eigenes Pferd besitzt.
6 Sie hoffen alle sehr darauf, dass sie die Erlaubnis bekommen.

**4** Tom macht Hausaufgaben, als es klingelt.
Marlene schreibt zurzeit mit links, seit ihr rechter Arm gebrochen ist.
Lina backt einen Kuchen, da sie morgen Geburtstag hat.
Leon spielt Computerspiele, obwohl er für den Vokabeltest lernen muss.
Ben ruft bei Kolja an, weil er Langeweile hat.

## Seite 70

**1**
1 Till sagt: „Morgen fällt das Basketballtraining aus."
2 „Ist das nicht schon das zweite Mal in diesem Monat?", fragt Jonas ihn.
3 „Ja, das stimmt. Der Trainer ist schon wieder krank", antwortet Till.
4 Jonas brummt: „Na, zum nächsten Turnier ist er sicher wieder gesund."

**2** 1 „Heute“, kündigt die Lehrerin an, „üben wir nochmal für den Mathetest.“
2 „Das“, stöhnt Sophia, „habe ich auch dringend nötig!“
3 „Können Sie“, fragt Ella, „die schriftliche Division nochmal erklären?“

**3** **a** „Immer hast du das Tablet“, meckert Lena, „ich würde jetzt auch gerne spielen.“
Ben entgegnet: „Du hast doch schon gestern Nachmittag das Tablet gehabt.
Jetzt bin ich mal dran.“ „Das könnte dir so passen“, erwidert Lena.

**b** Ben schreit: „Jetzt reicht es mir aber. Nur, weil du die Ältere bist, hast du nicht das Sagen!“
„Und ob“, meint Lena trotzig. „Wir können uns doch abwechseln oder zusammen spielen?“, schlägt Ben schließlich vor.

## Seite 71

**1** der Kleiderhaken, die Handtasche, das Rennpferd, der Wirbelsturm, der Haarschnitt

**2** **a** **1** die Straßenbahn **2** die Bushaltestelle **3** die Wanderschuhe **4** der Ententeich
**5** der Souvenirstand **6** die Haarbürste **7** die Sonnenbrille **8** das Rettungsboot
**9** der Taschendieb

## Seite 72

**b** das Ruderboot

**3** **a** das Geburtstagsgeschenk, die Geburtstagstorte, der Geburtstagskuchen, das Geburtstagskind, die Geburtstagsparty, die Geburtstagsfeier, die Geburtstagskerze, die Geburtstagsgäste

**b** das Fahrrad, das Dreirad, das Ersatzrad, das Laufrad, das Riesenrad,
der Raddampfer, die Radnabe, der Radwechsel, das Räderwerk

**4** steinhart, federleicht, sternenklar, blitzschnell, haushoch, spiegelglatt, messerscharf

**5** kaminrot, knallrot, dunkelrot, hellrot, tomatenrot, himbeerrot, kirschrot, blutrot

## Seite 73

**1** **a und b** *Nomen:* Überraschung, Besprechung, Geheimnis, Unternehmung, Möglichkeit, Mannschaft, Gelegenheit
*Adjektive:* wunderbar, riesenhaft, wundersam, gruselig, ungeduldig
*Verben:* bereiten, belauscht, verraten, entscheiden, besuchen, verschwenden

**2** *-tum:* Eigentum, Altertum, Reichtum (Nomen/Substantive)
*ver-:* verschwinden, verraten, vergeben, verreisen (Verben)
*-keit:* Dankbarkeit, Möglichkeit, Kleinigkeit (Nomen/Substantive)
*ent-:* entscheiden, entwickeln, entgehen, entwirren (Verben)
*-lich:* ärgerlich, fürchterlich, fröhlich, ängstlich (Adjektive)
*-ig:* heilig, lustig, eklig, witzig, spritzig (Adjektive)

## Seite 74

**1** 1 Deutsch, Mathe, Kunst, Sport, Englisch: Schulfächer/Unterrichtsfächer
2 Holzauto, Puppe, Teddy, Ball: Spielzeug
3 Fliege, Käfer, Schmetterling, Wanze: Insekten
4 Chinesisch, Russisch, Französisch, Polnisch: (Fremd-)Sprachen

❷ *sehen:* schauen, gucken, starren, blinzeln, glotzen, beobachten
*sprechen:* flüstern, rufen, sagen, wispern, brüllen, hauchen
*schimpfen:* meckern, nörgeln, fluchen, motzen, keifen, zetern

## Seite 75

❸ *groß:* massiv, riesig, hoch
*blau:* azurblau, türkisfarben, himmelblau
*dunkel:* düster, finster, schwarz

❹ *Geschirr:* Tasse, Becher, Teller, Schüssel
*Süßigkeit:* Gummibärchen, Bonbon, Schokolade, Keks
*fahren:* rasen, düsen, rollen, sausen

❺ Mögliche Lösung:
*Waschbeutel:* Zahnbürste, Zahnpasta, Shampoo, Seife, Bürste, Creme
*Unterwäsche:* Socken, Slips, Unterhemden
*Oberteile:* T-Shirts, Pulli, Kapuzenjacke, Regenjacke
*Badesachen:* Handtuch, Badeanzug, Bikini, Schwimmbrille, Badeschlappen
*Schuhe:* Turnschuhe, Sandalen
*Tagesrucksack:* Trinkflasche, Taschengeld, Brotbox, Kartenspiel
*Strandzeug:* Beachballspiel, Strandmatte
*Unterteile:* Jeans, Shorts

## Seite 76

❶ Alphabet A bis Z (A, B, C, D, E, F, G, H, I, J, K, L, M, N, O, P, Q, R, S, T, U, V, W, X, Y, Z)

❷ **a** A – Antilope, B – Braunbär, C – Chamäleon, D – Dachs, E – Erdmännchen, F – Fuchs, G – Gepard, H – Hund, I – Igel, J – Jack Russel, K – Känguru, L – Lama, M – Marder, N – Nilpferd, O – Otter, P – Pinguin, Q – Qualle, R – Rabe, S – Schildkröte, T – Taube, U – Unke, V – Vampirfledermaus, W – Wanze, X – Xenopus (Krallenfrosch); Y – Yak, Z – Zebra

**b** fliegen, galoppieren, graben, klettern, laufen, schwimmen, springen, tauchen

## Seite 77

❸ **a und b** Eber, Eichhörnchen, Eidechse, Eisbär, Eisvogel, Elch, Elefant, Emu, Erdmännchen, Eule

❹ **a** Die Seitenangaben unterscheiden sich je nach gewähltem Wörterbuch und gewählter Ausgabe des Wörterbuchs.

**b**
2 Lebewesen: lebendig, Leben, erleben
3 wachsen: Gewächs, erwachsen, aufwachsen
4 Spaß: spaßig, Spaßbad, Späße
5 saftig: Saft, entsaften, Apfelsaft

❺ Mögliche Lösung:
Auch hier unterscheiden sich die Seiten und Seitenleitwörter je nach gewähltem Wörterbuch.
Hier als Beispiel: DUDEN, 25. Auflage
Pasta – italienisch – S. 815 / Paspelierung – Paste
Döner – türkisch – S. 356 / Domherr – Donut

Tapa – spanisch – S. 1048 / Tamule – Tapetenbahn
Zaziki – neugriechisch – S. 1192 / zäumen – Zeichenschutz
Labskaus – englisch – S. 666 / labeln – Ladenbesitzerin

## Seite 78

**1** **a**

| | | | | | | | | | |
|---|---|---|---|---|---|---|---|---|---|
| A | R | D | F | F | R | A | U | I | L |
| C | E | I | R | E | J | H | A | N | D |
| E | H | E | L | D | S | I | Z | P | P |
| M | I | B | X | I | K | S | T | A | G |
| S | Z | F | I | B | L | W | M | D | G |
| S | T | R | O | E | K | H | T | H | Q |
| C | N | Y | K | R | O | T | K | O | P |
| H | U | V | A | G | R | C | B | R | B |
| I | Z | O | L | S | B | Z | R | G | U |
| L | X | L | B | I | M | A | I | V | R |
| D | I | L | T | A | N | N | W | U | G |

**b** der Dieb – die Diebe, das Schild – die Schilder, das Kalb – die Kälber, der Berg – die Berge, der Korb – die Körbe, die Hand – die Hände, der Tag – die Tage, die Burg – die Burgen, der Held – die Helden

## Seite 79

**2** **a** die Erde bebt, der Betroffene klagt, das Herz pumpt, die Wüste lebt, der Teppich staubt, die Gewerkschaft streikt, das Pferd trabt, das Gespenst spukt, der Gauner betrügt

**b** bebt – du bebst, klagt – du klagst, pumpt – du pumpst, lebt – du lebst, staubt – du staubst, streikt – du streikst, trabt – du trabst, spukt – du spukst, betrügt – du betrügst

**3** **a** gesünder – Gesundheit – ~~kerngesunt~~ kerngesund – gesundschreiben
Staub – Staubsauger – ~~verstaupt~~ verstaubt – bestäuben
erfolgreich – erfolgen – Erfolg – ~~erfolkt~~ erfolgt

**b** *herb:* einen herben Saft trinken, eine herbe Enttäuschung erleben, eine herbe Niederlage erleiden
*grob:* einen groben Fehler begehen, auf grobem Papier zeichnen, jemanden grob anfassen

## Seite 80

**1** **b und c** *ff:* Pfeffer, Kaffee, Waffel, Trüffel, Kartoffel
*ss:* Wasser, Kresse, Kassler
*tt:* Butter, Blätterteig, Kotelett, Spaghetti
*ll:* Dill, Sellerie, Mortadella, Mozarella
*mm:* Semmel, Kaugummi, Flammkuchen
*dd:* Pudding, Wackelpudding
*nn:* Penne, Pfannkuchen

## Seite 81

**2** Karotten (die Karotte), Kartoffeln (die Kartoffel), Nüsse (die Nuss), Limetten (die Limette), Wassermelonen (die Wassermelone), Datteln (die Dattel)

**3** **1** den Teig ausrollen **2** ein Stück Fleisch pfeffern **3** Lieblingskuchen essen
**4** eigene Nudeln herstellen **5** sich am heißen Topf verbrennen
**6** ein Würstchen grillen **7** Milch verschütten **8** die Salatschüssel auffüllen

## Seite 82

**1** leben (1), See (3), Saat (3), Hahn (2), Wal (1), Ton (1), Mühe (2), Boot (3), Zahl (2), Wagen (1)

**2** *rufen:* der Anruf, anrufen, der Anrufbeantworter, der Anrufer, ausrufen
*fragen:* das Fragezeichen, gefragt, ausfragen, die Frage, der Fragesatz
*baden:* das Badesalz, die Badewanne, gebadet, das Fußbad, das Badezimmer
*schlafen:* verschlafen, der Schlaf, der Mittagsschlaf, ausschlafen, der Winterschlaf

**3** **a** die Saaltür, das Moosgummi, die Teekanne, das Meersalz

**b** Auf der Allee im Schnee am See hab ich getrunken einen Tee.

## Seite 83

**4** **1 a** Im Kunstunterricht möchte ich immer nur malen.
**1 b** In der alten Mühle wird das Korn immer noch gemahlen.
**2 a** Mein Vater ist Professor und lehrt an der Universität.
**2 b** Die Mülltonnen auf der Straße müssen dringend geleert werden.
**3 a** Auf das Ergebnis der nächsten Bundestagswahl bin ich gespannt.
**3 b** Im Urlaub konnte ich vom Boot aus einen Wal beobachten.

**5** *Wörter mit silbenschließendem h:* wäh-len, zeh-ren, leh-nen
*Wörter mit silbenöffnendem h:* nä-hen, se-hen, mä-hen

**6** aussehen, versehen, Versehen, zusehen, fernsehen, Fernseher, aussehen, Sehnerv, Fernsehfilm, ansehen

## Seite 84

**7** **b** *ie:* sie, spazierte, verzierte, wie, blieb, Radieschen, marschierte, rief, Saurier, Sie
*i:* Fabrik, mir
*ieh:* Vieh

**c** Wenn ein *i* lang gesprochen wird, schreibt man meistens *ie*.

**8** **a** er spazierte – spazieren, er verzierte – verzieren, er blieb – bleiben,
er marschierte – marschieren, er rief – rufen

**b** der Saurier – die Saurier, das Radieschen – die Radieschen

## Seite 85

**1** Pfütze, Quelle, Fuchs, Wespe, Kasten, Topf, Spaß, Wachs

**2** **a** Bei diesen Wörtern handelt es sich um die typische Buchstabenverbindung *st*.

**2** **b** Mögliche Lösung:
*ck:* trocken, Druck, Flocken, locken
*tz:* Hitze, flitzen, Ritze

**c** Mögliche Lösung:
Dampf, verdampfte, Dampflok, Dampfmaschine, dampfen

## Seite 86

**2** **d** Mögliche Lösung:
Quarz, Qualle, quälen

**3** **a**
**1** der Ranzen – die Wanze – sie tanzen
**2** der Krampf – der Dampf – der Kampf
**3** das Herz – der Schmerz – der Scherz
**4** die Nelke – sie welken

**b** Mögliche Lösung:
**1** tanzen – der Tanz **2** glänzen – der Glanz **3** verwurzeln – die Wurzel
**4** verarzten – der Arzt **5** filzen – die Filzlaus **6** salzen – das Meersalz

**b** Mögliche Lösung:
An einem Ferientag spazierte ich über eine Wiese mit wunderschönen Blumen. Ich merkte, dass sich etwas lautstark näherte, aber ich erkannte nicht, was es war. Es kam nähergerollt und fuhr einfach über meinen Fuß! Mein Fuß schmerzte höllisch und es kam natürlich zu einem Sturz. Ich stürzte einfach zu Boden. Welche Person lässt denn eine Walze auf einer Wiese herumliegen? Ich fühlte mich sofort krank. Zum Glück kamen mir Leute zu Hilfe und ich verspürte puren Dank. Nur leider bin ich jetzt erstmal ziemlich eingeschränkt.

## Seite 87

**1** **a** Messer (kurz), süß (lang), Glas (lang), Kessel (kurz), bisschen (kurz), Stoß (lang), Essig (kurz)

**b und c** **1** Krei[s]e – Kreis **2** Fel[s]en – Fels **3** Mäu[s]e – Maus **4** Lo[s]e – Los **5** Häl[s]e – Hals
**6** Grei[s]e – Greis **7** Grä[s]er – Gras **8** Ga[s]e – Gas **9** Gän[s]e – Gans **10** Prei[s]e – Preis

**2** **1** das Wasser fließt – der Jäger schießt **2** Spaghetti essen – Zitronen pressen
**3** das Auto rast – die Kuh grast **4** das Raubtier frisst – der Bauarbeiter misst
**5** der Wind braust – die Katze saust

## Seite 88

**1** **a und b** **1** Son-nen-schein (1) **2** aus-schla-fen (1, 2) **3** Was-ser (2) **4** Seeblick (1)
**5** ver-rei-sen (1, 2) **6** fau-len-zen (1, 2) **7** Sa-chen pa-cken (3) **8** Saphir (3)

**2** Falsche Trennungen:
**1** ~~vertau-schen~~ – ver-tau-schen – ~~ver-tau-sch-en~~
**2** ein-la-den – ~~ein-lad-en~~ – ~~ei-nla-den~~
**3** Sa-xo-phon – ~~Sax-o-phon~~ – ~~Sa-xop-hon~~
**4** ~~Zu-cker-kuc-hen~~ – ~~Zuc-ker-kuch-en~~ – Zu-cker-ku-chen
**5** ~~katho-lisch~~ – ~~kat-ho-lisch~~ – ka-tho-lisch
**6** Möch-te-gern – ~~Mö-chte-gern~~ – ~~Möch-te-ger-n~~

## Seite 89

**1** a Nomen/Substantive:
Zeile 1: Filmen; Kinderfilm, Kinderbuchs
Zeile 2: „Ronja Räubertochter"; Filmtricks; Mattisburg; Wirklichkeit
Zeile 3: Tränen; Schauspieler
Zeile 4: Fett; Feuerwehr; Regen
Zeile 5: Hubschrauber; Sturm; Graugnome; Film
Zeile 6: Kinder; Kostüme; Lampen
Zeile 7: Augen

b der Kinderfilm, das Kinderbuch, die Filmtricks, die Wirklichkeit, das Modell, die Tränen, das Fett, die Feuerwehr, der Regen

**2** Folgende Wörter müssen noch großgeschrieben werden:
Zeile 1: Kinderbuchautorin
Zeile 2: Welt; Bücher
Zeile 3: Sprachen; Millionen
Zeile 4: Exemplare; Bücher
Zeile 5: Mathematik
Zeile 6: Jahren
Zeile 7: Reihe
Zeile 8: Bücherschlange
Zeile 9: Erde
Zeile 12: Büchern

## Seite 90

**1** Liebe Eltern, liebe Lehrerinnen und Lehrer,
wir möchten Sie gern zu unserer Theateraufführung am Donnerstag, dem 18.05.
um 18.00 Uhr in die Aula unserer Schule einladen.
Wir haben viel geübt und möchten Ihnen zeigen, dass es sich gelohnt hat.
Bitte kommen Sie zahlreich zu unserer Aufführung. Wir freuen uns auf Sie und hoffen, dass Ihnen unser Stück gefallen wird. Wir versprechen Ihnen einen tollen Abend.
Ihre Theaterkids

**2** Lieber Torin,
ich sende dir liebe Grüße von der Ostsee. Du kannst dir nicht vorstellen, wie schön es hier ist. Es ist spannend und ich erlebe wirklich viel. Schade, dass du nicht dabei sein kannst. Vielleicht kannst du im nächsten Jahr einplanen, mit uns auf Reisen zu gehen. Das wäre toll. Was meinst du? Genieße deine Ferien. Ich hoffe, du kommst bald wieder bei mir zu Hause vorbei.
Bis bald.
Deine Leonie

## Seite 92

**1** Mögliche Lösung:
Die Geschichte des Kaugummis
Die Entwicklung des Kaugummis

**2** **a** Südschweden, Birkenpech, schwarz, dickflüssig, eklig, pflanzliche Harzen

**b** Textstellen, die markiert werden sollten:
In Südschweden fanden Archäologen den ältesten Kaugummi der Welt aus Birkenpech.
Das klebrige Zeug war schwarz, dickflüssig wie Teer und schmeckte eklig.
Die Menschen kauten es damals, um das Pech weich zu machen und als Klebstoff für Boote zu verwenden. Doch auch in anderen Ländern wurde auf pflanzlichen Harzen herumgekaut.

**c** Mögliche Lösung:
*In welchem Land wurde der älteste Kaugummi der Welt gefunden und woraus bestand er?*
Der älteste Kaugummi der Welt wurde in Südschweden gefunden. Der Kaugummi bestand aus Birkenpech. Das ist eine dickflüssige, schwarze, klebrige Masse. Birkenpech schmeckt eklig. Auf pflanzlichen Harzen wurde auch in anderen Ländern als eine Art Kaugummi gekaut.

**3** *Auf welchen anderen Dingen kauten die Menschen früher als Kaugummiersatz und warum?*
Die alten Ägypter und auch die Römer nutzten das Harz des Mastixbaumens als Kaugummi. „Chicle" ist eine Kaumasse aus dem latexartigen Saft des Breiapfelbaumes, auf dem die Mayas und Azteken kauten. Die Menschen kauten es damals, um den Stoff weich zu machen. Dann benutzten sie es als Klebstoff für ihre Boote.
*Was wollte Thomas Adams eigentlich aus „Chicle" herstellen?*
Thomas Adams wollte aus „Chicle" Fahrradreifen herstellen, aber das funktionierte nicht.

## Seite 93

**4** *Singular:* der/das Kaugummi, der Ast, der Grundstoff, der Vater, das Land
*Plural:* die Kaugummis, die Äste, die Grundstoffe, die Väter, die Länder

**5**

| Infinitiv | 3. Person Singular Präteritum | Partizip II |
|---|---|---|
| kauen | kaute | gekaut |
| finden | fand | gefunden |
| schmecken | schmeckte | geschmeckt |
| benutzen | benutzte | benutzt |
| bemerken | bemerkte | bemerkt |
| lassen | ließ | gelassen |
| verkaufen | verkaufte | verkauft |

**6**
1 früheste Epoche der Menschheitsgeschichte: Steinzeit
2 ein anderes Wort für einen anhaftenden Leim: Birkenpech, Harz
3 wichtiges Fahrradzubehör: Fahrradreifen

## Seite 94

**7** *Nomen:* Steinzeit, Archäologen, Pech, Teer
*Verben:* herumkauen, schmecken, benutzen, ausspucken
*Adjektive:* eklig, pflanzlich, schwarz, klebrig
*Artikel:* die, das, der, eine

**8**
1 Ein Kaugummi besteht zur Hälfte aus Zucker und anderen Süßstoffen. (S)
2 Seit 1992 ist in Singapur der Verkauf von Kaugummis verboten. (ABO)
3 In vielen Ländern kann man Kaugummis in allen Farben aus dem Kaugummiautomaten ziehen. (DO)
4 Weltweit kauen die Menschen etwa eine halbe Million Tonnen Kaugummi pro Jahr. (AO)
5 Kaugummi wirken gut gegen Mundgeruch. (P)
6 Ende des 19. Jahrhunderts stieg William Wrigley in den Kaugummimarkt ein. (ABZ)

**9**
1 Viele Leute kauen Kaugummi, weil es ihnen Spaß macht.
2 Die geschmacksgebenden Zutaten beim Kaugummi sind Zucker, Süßstoffe und Aromen.
3 Kaugummis kleben an Sachen, auf der Straße, an der Hand oder auf dem Tisch.
4 Kaugummis sollen die Konzentration verbessern, gut in der Zahnpflege sein und zudem noch schlau machen.
5 Obwohl es Zahnpflegekaugummis gibt, kann das Kauen eines Kaugummis das gründliche Zähneputzen nicht ersetzen.
6 Lehrer verbieten das Kaugummikauen im Unterricht, weil das laute Schmatzen, Blasenmachen, Fädenziehen oder das Spielen mit dem Kaugummi stört.

## Seite 95

**10** kauten (3x), Kaugummi, herumgekaut, Kaumasse, Kaugummis, kauen, Kaugummistreifen

**11** der älteste Kaugummi der Welt, dickflüssig wie Teer, eine weiche Masse, mehr Sauerstoff im Gehirn, Birkenpech als erster Klebstoff der Welt, Menschen kauten auf Blättern

**12** Mögliche Lösung:
*Wahl:* wählen, Wahlurne, wahlberechtigt
*dehnbar:* Dehnung, gedehnt, dehnen
*Geschmack:* schmecken, schmackhaft, Geschmäcker
*glatt:* Glatteis, glätten, glattgehen
*essen:* essbar, Abendessen, aufgegessen
*unterschiedlich:* Unterschied, unterschieden, unterscheiden

## Seite 96

**13** Das erste eigene Kaugummiwerk wurde von dem sehr fleißigen Amerikaner William Wrigley 1894 eröffnet. Er stellte vier verschiedene Sorten Kaugummi her. William Wrigley hatte eine tolle Idee. Von allen Telefonbesitzern schrieb er die Adresse auf und schickte jedem ein Päckchen Kaugummi – natürlich kostenlos. Kinder bekamen zum Geburtstag ein Kaugummigeschenk. Im Jahr 1926 eröffnete der Geschäftsmann eine Kaugummifabrik in Deutschland. Die Geschäfte in Deutschland waren aber wenig erfolgreich.

**14** Mögliche Lösung:
Die Kaugummiaktion
Endlich Ferien. Unsere Clique verabredete sich gleich, um im nahegelegenen Park zu spielen. Auf dem Weg dorthin öffnete Hennes seinen Rucksack und holte Unmengen an Kaugummis heraus. Natürlich wollte jeder einen haben. Wir übertrieben es natürlich und steckten uns viel zu viele Kaugummis in den Mund. Arik hat sich fast verschluckt und spuckte seinen Riesenkaugummi auf den Bürgersteig. Das war ein Ding. Im nächsten Moment kam eine ältere Dame vorbei. Da sie nicht so gut sehen konnte, trat sie auf den ausgespuckten Kaugummi. Die Dame bemerkte es erst beim Weitergehen. Das klebrige Zeug hing wie Pech an ihrem Schuh. Die Oma schimpfte los, aber wir mussten so lachen und machten uns schleunigst aus dem Staub.